学业水平考试
命题方法
系列丛书

学业水平考试
命题方法与应用
——指向核心素养的评价

张咏梅 郝 懿 田 一 等/著

DEVELOPMENT
ASSESSMENTS TO
MEASURE AND SUPPORT
CORE COMPETENCIES

北京师范大学出版集团
BEIJING NORMAL UNIVERSITY PUBLISHING GROUP
北京师范大学出版社

图书在版编目(CIP)数据

学业水平考试命题方法与应用：指向核心素养的评价/张咏梅等著. —北京：北京师范大学出版社，2023.11(2024.12 重印)
(学业水平考试命题方法系列丛书)
ISBN 978-7-303-28183-1

Ⅰ.①学…　Ⅱ.①张…　Ⅲ.①学业评定－考试－命题－研究　Ⅳ.①G424.75

中国版本图书馆 CIP 数据核字(2022)第 188659 号

图书意见反馈：gaozhifk@bnupg.com　010-58805079
营销中心电话：010-58802755　58800035
编 辑 部 电 话：010-58809014

XUEYE SHUIPING KAOSHI MINGTI FANGFA YU
YINGYONG：ZHIXIANG HEXIN SUYANG DE PINGJIA
出版发行：北京师范大学出版社　www.bnupg.com
　　　　　北京市西城区新街口外大街 12-3 号
　　　　　邮政编码：100088
印　　刷：北京天泽润科贸有限公司
经　　销：全国新华书店
开　　本：730 mm×980 mm　1/16
印　　张：15
字　　数：244 千字
版　　次：2023 年 11 月第 1 版
印　　次：2024 年 12 月第 2 次印刷
定　　价：69.00 元

策划编辑：何　琳　　　　　责任编辑：梁民华
美术编辑：焦　丽　　　　　装帧设计：焦　丽
责任校对：陈　荟　　　　　责任印制：马　洁

学业水平考试命题方法系列丛书

总项目组成员(按姓氏笔画排序)

王家祺　田　一　李美娟　何光峰　张咏梅

郝　懿　胡　进　贾美华　郭立军

序　言

提升教师评价素养，是教师专业发展的重要内容。2013 年，教育部印发了《关于推进中小学教育质量综合评价改革的意见》，提出"逐步培养和建设一支具有先进评价理念、掌握评价专业技术、专兼职相结合的专业化评价队伍"。2020 年 10 月，中共中央、国务院印发了《深化新时代教育评价改革总体方案》，再一次明确提出，要"加强教师教育评价能力建设，支持有条件的高校设立教育评价、教育测量等相关学科专业，培养教育评价专门人才"。

教师评价素养包括四个方面的内容：一是具备先进的教育评价理念，正确理解教育评价的育人功能和价值；二是能够掌握校外评价和校内日常评价的技术与方法；三是能够掌握基础数据的分析和解读方法；四是能够将评价数据和结果应用于教学改进中，逐步提升教学质量。

为了了解教师评价素养的现状，北京教育科学研究院组织研究团队在长期开展评价研究的基础上，研制了调研方案与指标体系，通过访谈和问卷调查，对北京市各区教研员和中小学学科带头人、骨干教师的评价素养现状与培训需求开展了调研。调研结果表明，教师较普遍地在评价理念、专业概念方面存在一些误区，缺少评价任务(尤其是表现性评定任务)的开发经验，对完整科学的命题流程了解较少，不能正确解读测试数据，不能将评价数据运用于教学改进中。为了解决教师们的困惑和问题，北京教育科学研究院成立了由教育评价专家与学科教学专家组成的培训团队，针对教师评价素养发展的需求，开发了系列教育评价培训课程，先后在各区举办了十多个专题培训班。并在每次培训后，依据参训教师的意见和建议，不断修订、完善培训课程，最终形成的成果体现在了"学业水平考试命题方法系列丛书"这套书中。可以说，这套书是长期的理论研究与实践探索充分结合的成果，具有以下几个鲜明的特点。

第一，突出了对学生核心素养的评价。随着《中国学生发展核心素养》

的颁布及落实，如何通过评价，引领教学关注复杂思维能力的培养，是当前的热点问题。书中在设计评价内容时，特别设计了针对高阶思维能力的表现性评定、可体现学生认知过程的主观题的评价、促进学生核心素养培养的档案袋评价等内容。通过表现性评定，展示学生解决问题的过程；通过主观题的评价，了解学生的高阶思维的特点；通过档案袋评价，关注学生学习的状态和过程，引导学生自主学习。帮助教师掌握这些方法，才能切实地引导教师在教育教学过程中关注核心素养的培养。

第二，体现了教育评价理论与评价实践能力的结合。书中既介绍了教育评价的基本理念、基本理论，也介绍了教育评价的基本方法——客观题、主观题的命制，表现性评定和档案袋评价的设计、评价工具的质量分析、数据结果的解读和运用等内容。介绍每一个方法时，都是理论、原理与案例相结合。在讲解基本理论和原理的同时，增加了鲜活的案例作为理论的支撑。评价理论和原理由评价专家进行撰写，案例部分由学科教研员撰写，理论和原理统领案例，案例为理论和原理提供支持，既能帮助教师理解理论和原理，又能使教师在案例中学会具体的操作方法和技术。

第三，涵盖了教育评价实施的全流程。强调教、学、评一体化，重在以学习为中心，促进教、学、评的良性互动，教与评为学习服务，学在教与评的作用下不断精进。评价已成为教学设计和教学实施的重要组成部分，其功能不再局限于"鉴别、筛选"，更多的是"引导、反馈、改进"。在此理念的指导下，书中对评价全流程的内容进行了介绍，包括评价蓝图的设计、评价工具的开发、评价数据的解读、基于评价数据的教学改进等，能够系统、完整地支持教师开展评价工作，进而改进教学。

第四，跟进了国际教育评价研究的最新进展。近二十年来，教育评价理论、方法与技术正全方位地发生变化，本套书反映了这些最新进展，并结合实践阐述了基于经典测量理论与现代测量理论的评价工具质量分析方法、增值评价方法、在线评价任务开发等内容，有鲜明的时代性与创新性。

2021年7月，中共中央办公厅、国务院办公厅印发了《关于进一步减轻义务教育阶段学生作业负担和校外培训负担的意见》，强调"坚持学生为本、回应关切、遵循教育规律，着眼学生身心健康成长，保障学生休息权利，整体提升学校教育教学质量"。落实"双减"要求，提升教育质量，既要求教师要能够实施形成性评价，开发评价任务，提高课堂教学质量；又要求教师在终结性评价方面，要能够科学把控，聚焦核心素养，防止出现偏题、怪题、难题，减轻学生的学习负担。这对教师专业素养的提升提出了新的要求和更高的标准，因而教师迫切需要相应的、务实的支持与指导。本套书是第一套由教育评价专家与学科教学专家合作完成的教育评价方面的著作，将国际上最新的教育测评理念、理论、方法与技术，以系列书稿的方式呈现给广大教师，期待本套书在国家"双减"教育大背景下，能够助力教师科学评价，精准诊断教学中的问题，促进教育质量全面提升。

方中雄

北京教育科学研究院

前　言

　　核心素养培育是全球基础教育关注的焦点，于 2017 年被系统纳入我国基础教育阶段课程标准。为帮助师生把握日常教学的深度和广度，各学科课程标准以核心素养及其表现水平为主要维度，进一步提出学业质量标准，并要求将其做为学业水平考试、升学考试命题的重要依据。

　　什么是学业水平考试？常见的理解是，由省市级教育行政部门组织实施、衡量学生达到国家规定学习要求程度的考试就是学业水平考试。例如，各省市普通高中学业水平考试、初中学业水平考试、各级质量监测等，均具有大规模校外统一测试的特征。然而，从教育测量学的专业角度来说，判断某类测试是否属于学业水平考试范畴的关键在于，其是否能够依据考试结果对学生学习质量或掌握水平达到国家要求的程度进行判断与解释，而不在于是否为"大规模校外统一测试"。从此意义上来说，校内日常的单元测试、期中和期末测试或学年末测试均属于学业水平考试范畴。

　　学业水平考试作为教育测量学领域中的典型测试类型，虽然在测试目标、测试框架、题目命制、分数解释方面与常见选拔性考试有着很大的区别，但在应遵循的测试基本程序和命题方法、数据分析基本理论与技术、聚焦以高级思维能力为代表的测评等方面有着许多共通之处。因此，本书在突出学业水平考试开发特征的基础上，力图从更普及的内容视角来满足对测评领域有着广泛研究或学习兴趣的读者的阅读需求。

　　本书由测验的基本概况、测验的编制、测验质量的评价、测验结果的应用四大部分构成，涵盖从测评历史、理论与技术、基于测验结果改进教学等各个环节，还对以高级思维能力为代表的核心素养测评发展趋势、表现性评定、档案袋评价进行了详细阐述。本书包括十四章，各章节编写分工如下（按章节顺序）：第一章第一节、第二节、第三节由胡进老师执笔，第四节由张咏梅老师执笔；第二章由郝懿老师执笔；第三章由张咏梅老师执笔；第四章第一节由郝懿老师执笔，第二节由田一老师执笔；第五章由

田一老师执笔；第六章由郝懿老师执笔；第七章由张咏梅老师执笔；第八章由何光峰老师执笔；第九章由田一老师执笔；第十章由郝懿老师执笔；第十一章由田一老师执笔；第十二章由李美娟老师执笔；第十三章由王家祺老师执笔；第十四章由郭立军老师执笔。

2021年10月，中共中央办公厅与国务院办公厅颁布《深化新时代教育评价改革总体方案》。这份对于我国基础教育评价改革具有里程碑意义的重要文件特别提出要于加强教师教育评价能力建设，培养教育评价专门人才。2022年4月，新颁布的义务教育阶段课程标准对于学业水平考试命题提出了导向性、科学性、规范性和专业性的要求。期待本书内容能够为长期从事考试命题理论与实践研究的工作者，为广大中小学教师、高校从事教育评价专业领域学习的学生提供指导，也为深入贯彻党的二十大及相关文件精神、落实立德树人根本任务提供助力。

本书作者全部来自于北京教育科学研究院基础教育教学研究中心。虽然作者均具有在学业水平考试、大规模教育质量评价研究领域中10年以上的研究与实践积累，但由于时间匆匆、能力有限，书中内容还存有一些不足，肯请读者不吝指正。

著　者

2023年4月26日于北京教育科学研究院

目 录
Contents

第三部分　测验质量的评价

第四部分　测验结果的应用

第一部分　测验的基本概况

第一章　测验

从测验的发展史分析，我国是考试的发源地，主要表现在：我国在西周时期就建立了"考校"与"考选"制度；战国时期的《学记》记载了考试的频率、考试的目标；隋朝开始的科举制度，经过几个朝代的演变、发展，逐渐成为当时比较完善的考试制度。意大利传教士利玛窦把我国的科举制度带到了欧洲，这一制度被西方人称为"先进的选拔人才的制度"。[①]

科学的测验与评价源于西方国家，具体有以下代表性事件：1900年前后，西方国家兴起了一场"教育测验运动"，使标准化测验被广泛使用；1930年前后，西方国家提出了"学生评价"，先后推出了一系列新的评价理念和评价方法；19世纪60年代初，西方国家开始考试改革的新探索，即从口试到笔试，从主观评分到客观评分；19世纪80年代末，美国开始试图克服标准化测验的缺陷，设计能够替代标准化测验的评价方法。

1922年，中华教育改进社邀请美国教育心理测验专家麦考尔来华讲学，介绍教育考试方法，客观性试题第一次传入我国。此后，我国出现了一股考试改革浪潮，即新法考试改革。20世纪70年代，我国客观题考试开始受到冷落，研究者对客观题型的研究一度中断。20世纪80年代，西方测验的概念、理论和方法开始系统地传入我国，我国开始重新审视标准化考试，并逐步在基础教育领域推行标准化考试，希望使考试更加客观化、标准化、科学化，以适应我国当代社会发展的客观需求。进入21世纪，我国开始借鉴与探索表现性评定及档案袋评价等，以克服标准化测验的弊端。

如今，教育测验已经成为一个较为成熟的研究领域，我们需要梳理和研究教育测验的概念、教育测验的分类、教育测验的理念与原则以及教育测验的功能。

---

① 王斌华：《学生评价：夯实双基与培养能力》，1页，上海，上海教育出版社，2010。

第一节　测验、测量与评价

测验、测量与评价是心理测量领域密切相关的三个基本概念，教师在学校日常课堂教学中经常会通过测验、测量等手段对学生开展评价，但常常不能准确辨析这三者之间的区别与联系。如何准确理解、把握这三个概念？

测验：通过观察人的少数有代表性的行为，对贯穿在人的全部行为活动中的心理特点做出推断和数量化分析的一种科学手段。

测量：根据测量工具，用数字描述个人特征，即对学生学习结果的定量描述。

评价：收集、综合和解释学生学习资料，做出各种教学决定。

测验、测量有三个共同特点。间接性：通过一个人对测验项目的反应来推论出其心理特质。相对性：对人的行为的比较，没有绝对的标准。客观性：标准化决定了测量在一定程度上的客观性。

综上所述，从内涵分析，评价的内涵广于测量、测验的内涵；测量、测验指向对学生学习结果的定量描述；评价是在测量、测验提供的定量描述的基础上，进一步收集、综合其他相关信息，对学生的学习行为、学习过程进行判断及指导。评价包含收集学生学习资料的全部方法和对学习进步的价值判断。从相互关系分析，测验、测量是评价的基础和手段，为评价提供价值判断依据；评价是测验、测量的目的和结果，测验、测量通过评价才能获得实际意义。

案例思考

基本信息：一名小学五年级学生语文考试成绩为 89 分。

思考：这属于测验、测量，还是属于评价？请您结合日常教学经验进一步补充相关信息，对这一概念进行转换。

第二节 测验的类型

教育测验归属于心理测验，是一门对教育现象进行定量化测定的教育科学。 其分类依据有十多种，如功能、材料、人数、标准化程度、评分方式、测验时限、反应形态、诊断功能、分数的解释方式、测验目的等。

一、根据评量目的，教育测验可分为形成性测验和总结性测验

形成性测验指在教学过程中，随时采用的内容简短、评量学生学习情况的测验，如家庭作业、课堂观察、课堂测验、单元测验、阶段测验等。

总结性测验指在完成若干单元或课程的教学后，评量学生学习结果的测验。其目的是评定学生的最终学习效果以及最终完成目标的程度，以便为学生获取某种资格提供证明。

形成性测验与总结性测验在测验的性质、目的、目标、作用方面有差异，详见表 1-1。

表 1-1 形成性测验与总结性测验的比较

类别	形成性测验	总结性测验
测验性质	过程测验	结果测验
测验目的	发现问题，调控教学	评定学生成绩
测验目标	关注阶段学习目标	关注长期学习目标
测验作用	反映学生个人的进步	用于学生成绩的比较

综上所述，形成性测验与总结性测验在教学中的意义和价值不可相互取代。两者在教学中互为补充，交替进行，缺一不可。

二、根据教学上的诊断功能，教育测验可分为预备测验和诊断测验

预备测验：在教学前实施，了解学生是否已具备学习的基本知识与技能或能力背景，是制订教学计划的依据。

诊断测验：在教学过程中或教学结束后实施，用来诊断学生学习中的

困难，是改进教学的依据。

与形成性测验和总结性测验一样，预备测验和诊断测验也需要在教学的不同阶段依据教学需要交替运用，共同促进教学改进。

案例思考

事情：三年级某学生随堂数学测验得了 98 分。

教师行为：让学生反省为什么数学没得 100 分。

学生表现：学生自责、伤心、情绪低落。

思考：教师的行为是否妥当？

三、根据分数的解释方式，教育测验可分为常模参照测验和标准参照测验

常模参照测验指根据分数在团体中的相对位置对测验的结果加以解释的测验。

标准参照测验指根据教学前制定的标准对测验的结果加以解释的测验。

两者的区别在于解释测验分数的参照不同。常模参照测验和标准参照测验在学生成绩的比较对象、内容的取样、命题的任务、结果的报告、典型测试方面均有差异，详见表 1-2。

表 1-2　常模参照测验与标准参照测验的比较

类别	常模参照测验	标准参照测验
学生成绩的比较对象	与其他同学进行比较，与常模群体的平均表现进行比较	与代表掌握程度的标准进行比较
内容的取样	较窄	较宽
命题的任务	选择能够较大程度区分学生群体能力的试题，能避免太难、太易的试题	选择能够代表关键行为、标准行为的项目，不关注难度、区分度
结果的报告	在已知群体中的相对位置	是否达到标准，达到程度
典型测试	高考、中考	会考、学业质量监测

常模参照测验关注的是学生在团体中的相对位置，标准参照测验关注的是学生成绩的标准等级，具体比较见表 1-3。

表 1-3　常模参照测验与标准参照测验案例比较

学生 A	常模参照测验	标准参照测验
第一次	75 分　第 40 名	75 分　良好水平
第二次	70 分　第 30 名	70 分　合格水平
判断进步与否	与名次有关，进步了	与名次无关，与标准在试卷上的分数体现有关，退步了

案例思考

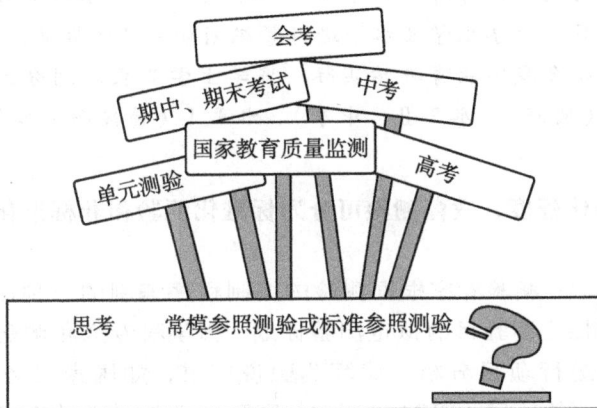

图 1-1　根据分数解释方式对教育测验进行归类

备注：

常模参照测验：中考、高考。

标准参照测验：单元测验，期中、期末考试，国家教育质量监测，会考。

综上所述，常模参照测验可将学生的表现与其他人相比，关注学生的相对排名，多为选拔性考试。标准参照测验关注学生在一系列任务中的表现，通过确定学生可以完成哪些任务和不可以完成哪些任务，有效地帮助学生改进学习。

知识链接

国家义务教育质量监测方案（2021 年修订版）

2021 年 9 月，教育部印发《国家义务教育质量监测方案（2021 年修订版）》[①]，

[①]　教育部：《国家义务教育质量监测方案（2021 年修订版）》，http://www.moe.gov.cn/srcsite/A11/moe_1789/202109/t20210926_567095.html，2023-02-17。

对指导思想、基本原则、监测学科领域及周期、监测对象、监测内容、主要环节、组织实施进行了说明。

监测学科领域主要包括德育、语文、数学、英语、科学、体育与健康、艺术、劳动、心理健康。每个监测周期为三年，每年监测三个学科领域。第一年度监测数学、体育与健康、心理健康，第二年度监测语文、艺术、英语，第三年度监测德育、科学、劳动。依据义务教育课程标准（或指导纲要）中的学段划分情况，考虑学生认知和学习能力发展的阶段性特征，监测对象为义务教育阶段四年级和八年级学生。根据课程标准和学生答题的实际表现，对学生学业水平进行等级划分和具体描述。参照国际监测通行方式，结合我国教育教学实际，将学生学业表现划分为水平Ⅳ（优秀）、水平Ⅲ（良好）、水平Ⅱ（中等）、水平Ⅰ（待提高）四个水平段。

四、根据标准化程度，教育测验可分为标准化测验和非标准化测验

标准化测验：测验专家根据测验的编制程序编制的一种测验。主要的编制程序包括根据测验目的拟定测验计划，由学科专家和测验专家编制题目，通过测试进行项目分析，编写测验说明书，如国家义务教育质量监测、国际学生评估项目（PISA）测试、国际数学与科学教育成就趋势调查研究（TIMSS）测试等。

非标准化测验：教师自编测验，在编制过程、实施、计分与解释方面缺乏标准度，但对了解和评价学生掌握知识和技能的状况十分有意义，如校内的单元测试、期中和期末测试等。

标准化测验与非标准化测验在教育教学中都有其价值，且标准化测验较非标准化测验有其突出优势，如快捷、准确、客观，但也有其难以克服的缺陷。美国测验和公共政策委员会对标准化测验进行了如下方面的反思与改进：

重新建构教育测验，使之充分考查学生的智能；

限制过多使用客观试题的测验形式；

不再把测验分数作为评价个体及其能力的唯一指标；

拓展传统测验的应用范围，使更新的评价形式能够促进全体人员的发展。

知识链接

国际学生评估项目[①]

国际学生评估项目是经济发展与合作组织（OECD）发起的国际比较研究，用于测评在即将完成义务教育时，学生在多大程度上掌握了全面参与社会所需要的终身学习能力，聚焦在阅读、数学和科学等关键的素养上。PISA 是指向学生适应未来的素养测试，不是基于课程内容的学业成绩评估。自 2000 年开始，PISA 每 3 年进行一次，每次从阅读、数学、科学中选择一门学科作为主要领域，选择另外两门作为次要领域。2012 年，PISA 首次尝试引入基于计算机的问题解决测试。除了测试，还设计了学生问卷和校长问卷。

PISA 的评价内容、评价对象和评价目的不同于学业选拔考试，主要表现在：

关注学生应用知识和技能解决实际问题的能力，而不是考核学生对课程内容的掌握情况；

以抽样方法对教育系统进行整体评价，不针对学生个体和单个学校；

研究教育系统、学校、家庭、学生个人特征等方面对成绩的影响，为制定教育决策提供依据，而不只是对成绩进行统计分析。

五、根据标准化测验的优势与不足，教育测验可分为标准化测验、表现性评定与档案袋评价

标准化测验有其突出的测验优势，也有其不可避免的缺陷，需要其他的测验来弥补。其中表现性评定及档案袋评价就是很好的弥补标准化测验不足的测验，表现性评定及档案袋评价有标准化测验不具备的特点，具体如下。

评价主体：多元化，评价主体不局限于学校教师，还可以扩展到家长、学生等群体。

评价双方：民主化，强调民主协商。

评价过程：全程化，贯穿在评价的整个过程之中。

评价方法：多样化，有测验法，还有其他非测验法，互为补充。

[①] 陆璟：《PISA 测评的理论和实践》，1~7 页，上海，华东师范大学出版社，2013。

综上所述，标准化测验、表现性评定及档案袋评价各有优势与不足，可以互为补充。标准化测验是一种常用的学生评价手段，表现性评定及档案袋评价不能取代标准化测验，但可以弥补标准化测验的不足。

六、根据测验的方式，教育测验可分为纸笔测验、操作测验与口头测验

纸笔测验是中小学教育中一种常见的、主要的测验形式，即学生在试卷上完成学业测试。不同于纸笔测验，操作测验强调动手操作技能，口语测验强调口头测验。操作测验、口语测验也需要拟定测验蓝图，即测验题对应的内容标准、层次及难度。

下面是初中地理学科操作测验样题，在提供样题的同时，呈现了该题考核的内容标准、答案要点。

题目示例

充分利用给定的材料，如等高线地形模型、区域地图、景观图片、有关文字等，说明相关地理内容。（适用测试形式：实践操作测试）

内容标准

1. 在等高线地形图上识别山峰、山脊、山谷，判读坡的陡缓，估算海拔与相对高度。

2. 举例说明区域内自然地理要素的相互作用和相互影响。

3. 运用地形图和地形剖面图，归纳某地区地势及地形特点，解释地形与当地人类活动的关系。

答案要点

合格：能在等高线地形模型上指出一类地理要素，描述基本正确，如等高线特点、主要地形部位、坡度陡缓等（或者将主要地形部位的等高线图与模型具体部位相对应）。

熟练：能在给定的材料中说出两类要素，并建立基本的地理联系，表达基本正确。

完美：能在给定的材料中说出两类以上的要素之间的主要联系，能体现基本地理原理、地理规律或地理过程，表达准确。

下面是小学语文学科的口头测验样题，在呈现题目的同时呈现了题目的评分标准、内容领域、内容标准、水平层次、难度等。

题目示例

暑假就要到了，老师要求每名学生都要利用假期读两本好书。小明心里很不情愿，就向他的好朋友小利抱怨。小利耐心地劝说他。请你和你的同学分别扮演小明和小利，进行交流。

评分标准

小明清楚表述为什么不想读书，小利耐心说明读书的原因，并能努力说服对方。

内容领域

口语交际

内容标准

第一，听他人说话认真耐心，能抓住主要内容及相关信息；

第二，表达有条理，语气、语调适当；

第三，根据交流对象和场合，稍做准备后能做简单的发言；

第四，在交流中敢于发表自己的意见。

水平层次

优秀

难　　度

中

第三节　测验的理念与原则

长期以来，基础教育测验在理念方面或多或少表现为过分重视选拔、知识、书本、量评、结果，轻视发展、能力、实践、质评、过程。随着课程改革的不断推进以及基础教育考试改革的深化，近年来基础教育已经从关注结果、接受、部分学生、教师的指导作用，逐步扭转为关注过程、发展、全体学生、教师的促进作用。

进入 21 世纪，国际基础教育越来越关注对素养的内涵研究。美国提出的 21 世纪技能主要包括学习与创新技能——批判性思考和解决问题能力、沟通与协作能力、创造与革新能力，数字素养技能——信息素养、媒体素养、信息与通信技术素养，职业和生活技能——灵活性与适应能力、主动性与自我导向、社交与跨文化交流能力、高效的生产力、责任感、领导力等。[①]

我国结合国情研发了《中国学生发展核心素养》。《中国学生发展核心素养》以培养"全面发展的人"为核心，分为文化基础、自主发展、社会参与3个方面，综合表现为人文底蕴、科学精神、学会学习、健康生活、责任担当、实践创新6大素养，具体细化为国家认同等18个基本要点。研究学生发展核心素养是落实立德树人根本任务的一项重要举措，也是适应世界教育改革发展趋势、提升我国教育国际竞争力的迫切需要。学生发展核心素养是我国测验评价的重要理念依据。

教育测验遵循的主要原则有：思想性、科学性、公平性、发展性、全程性。

一、思想性

思想性是教育测验首先要遵循的原则，要求教育测验不得与我国宪法和法律法规相抵触，不能违背党和国家现行的路线、方针、政策，不能违背党和国家对重大历史问题的结论，不得涉及宗教、民族、种族禁忌，不能有悖于国家主权、领土完整，不得涉及色情、暴力等不健康话题，不得不当评论各民族的历史文化、传统习俗，不得歧视残障群体等。

二、科学性

测验要符合科学性原则，不能有错误。科学性不仅包括测验试题的内容科学，还包括测验的设计科学、形式科学等。

案例分享

以 PISA 为例，其设计流程包括测试准备、测试实施、正式测试准备、正式测试、报告产出、经验启示，体现了科学性设计原则，详见图1-2。

---

① ［美］伯尼·特里林、查尔斯·菲德尔：《21世纪技能——为我们所生存的时代而学习》，洪友译，44页，天津，天津社会科学院出版社，2011。

2013年　测试准备

- 测试材料翻译改编、定稿
  机考版和纸笔版试题、问卷
  考务材料
- 测试抽样
  抽样任务ST0~ST3

测试准备

2014年
（上半年）　测试实施

测试抽样
抽样任务ST4~ST6
硬件设备、纸质材料
采购订制U盘、机考系统灌录
机考测试工具调试
纸质版测试工具、资料印刷
考务培训
学校协调主任、测试主任、
计算机技术支持人员

- 测试实验
  江苏省、浙江省、广东省
- 阅卷编码
  纸笔测试、计算机测试
- 数据录入、清理和提交

正式测试
准备

2014年
（下半年）

- 材料翻译改编、定稿
  机考版试题、问卷
  教务材料
- 正式测试抽样
  抽样任务ST7A~ST10B

正式测试　2015年

抽样任务ST11~ST12
- 硬件设备、纸质材料
- 考务培训
- 测试实施
  北京市、上海市、江苏省、广东省

阅卷编码
数据录入、清理和提交

2016年　报告产出
经验启示

- 报告填写
  国家层面报告以及系列专属报告
- 参与PISA启示
  能力提升
  培训：从PISA中学到的

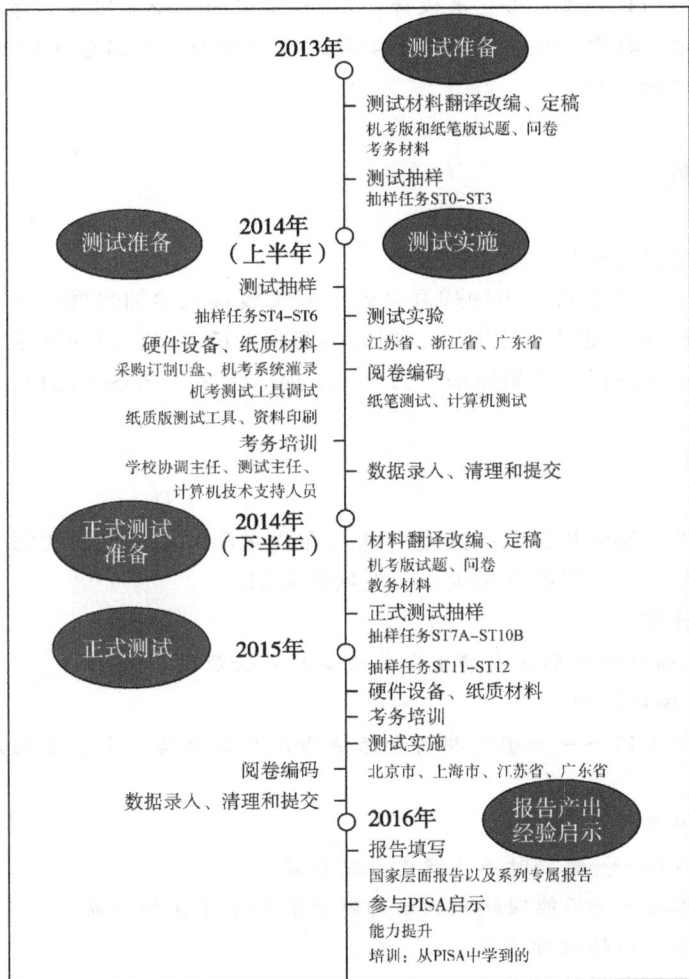

图 1-2　PISA 测试整体流程

PISA 在测验形式方面体现了科学性设计原则。项目测试时间为 2 小时，问卷时间为 30~35 分钟。短短的 2 小时测试时间其实并不能测试出每一名学生全部的阅读、数学、科学素养，要完整测出一名学生的阅读、数学、科学的素养，需要的测试时间是 390 分钟，其中，用于阅读测评的时间为 210 分钟（占总时间的 54%），用于数学测评的时间为 90 分钟（占总时间的 23%），用于科学测评的时间为 90 分钟（占总时间的 23%）。PISA

采用了不同的试题本组合，共设计了 13 种不同的试题本组合，每种试题本均包括阅读、数学、科学中的两个学科或三个学科，每名学生随机获取 13 种试题本中的 1 种。

三、公平性

测验要对每一位参与人员公平。

2015 年，教育部、中国残联联合印发《残疾人参加普通高等学校招生全国统一考试管理规定（暂行）》，规定普通高考招考机构可为残疾考生提供适当延长考试时间、免除外语听力考试、提供大字号试卷等便利。

四、发展性

发展性强调学生具有持续发展的内在需求和外在压力，教师要以发展的眼光看待学生，以提升学生自我发展的意识。

案例分享

PISA 编码原则彰显以学生发展为本的测验原则。

PISA 编码原则：

忽略微差错—— 一般的拼写和语法错误应该忽略，除非它们严重影响了含义。

发现闪光点。

无错假设——编码时不要预先设定框架。

有利推断——不能理解或判断时做出有利于学生的判断。

参加阅卷后的教师感悟：

有一种阅卷叫编码；

有一种答案叫样例；

有一种评分细则叫多方磋商的结果；

有一种测试叫蹲下来倾听考生的声音。

五、全程性

全程性指贯穿于学生学习的全过程，对学生的学习过程和学习结果进行全程评价，强调适度性，反对频繁或烦琐的无效评价或低效评价。

案例思考

一所小学每天早中晚三次对小学一年级学生进行评比，评比的等级分为五级，从"最可爱的人"到"最不可爱的人"。

思考：这种评测是否妥当？

第四节　测验的发展趋势

进入 21 世纪，随着指向核心素养培育的教育改革的深化，面对信息技术日新月异的发展，课程设置、教学目标、教学理念、教学方法都在发生着深刻变革。由于近年来质量监测、各类考试的价值不断被质疑，甚至被认为是浪费教学时间，芬兰在一至八年级取消了标准化的考试，美国很多州自 2015 年以后缩减了测验时间。测验作为教与学的重要组成部分，也在不断被调整以适应新的挑战，其发展趋势主要如下。

从测量目标来说，更加关注对于高级、复合能力的测查。这些能力往往指向于未来社会对人的要求。所谓"高级"，指与布卢姆（Bloom）目标分类学中较低水平的认知能力，如记忆、理解等相对应的分析、评价与创新能力等；"复合"指测量目标的多元化，意味着测量内容不仅包括认知能力，还可能包括情绪或意志力，如合作解决问题能力、审辩式思维能力、社会情感等。需要说明的是，对于这些"新"概念进行科学测量的首要条件，是需要在新的学习和认知研究成果的基础上对其内涵及测评框架进行清晰界定。

从测量功能来说，更加关注对教与学的促进作用。传统测验大多是通过给决策者反馈信息来间接促进教与学的。虽然校外大规模测评不断受到质疑，但是传统测验作为校内测评系统的开发备受青睐。因此，一方面要科学地设计与提取基于校内日常教学过程的评价模型，充分挖掘日常评价在大规模学业成就水平评价中的作用；另一方面要基于与学习进阶有关的认知模型，设计并开发与其难度相匹配的测验任务或题目，通过帮助学生更多地了解重要主题，为学生提供偶然性学习机会，并提供学习反馈，鼓励学生反思解决问题的过程，组织课堂评价的辅助资源。

从测量适用性来说，更加关注学生个性化发展。学生具有不同水平和类型的能力，具有多样化的背景和兴趣，如果能根据学生能力的不同水平和类型、不同背景和兴趣进行评估，能更好地适应学生多样性的需求，那么对于学生所知道和可以做的事情的测评后描述和反馈就能得到更多改进。例如，在提供作答帮助方面，盲文试卷、大字版试卷的开发，自适应测验的开发，将题目难度与人的能力相匹配，将题目内容与背景和兴趣相结合，由考生选择问题作答，但能测量相同能力等。

从测量方式来看，更加关注基于新题型在线的测评。测量目标的实现，往往需要整合认知和学习科学、测评和技术方面的前瞻性研究，来创造对教与学具有积极影响的评价新形式。将不可测评的东西变成可测评的东西，从只能测评过程的东西变成既可测评过程也可测评结果的东西，从呈现不好的东西变成呈现完美的东西，从需要较长时间才能模糊测量能力到在短时间内准确、快速、便捷地呈现测评结果，都离不开计算机和网络。从 2015 年开始，PISA 在线阅读数学科学问题解决和财经素养测试开始采用 90 个语言版本，在 57 个国家的 15 岁学生中实施。2006 年，国际阅读素养进展研究项目在线测试开始在四年级启动。2011 年，美国全国教育进展评估在线写作测试开始在四、八年级启动，2019 年逐渐过渡到全学科在线测试。2018 年，澳大利亚全国评估计划——读写和计算能力在线测试在三、五、七、九年级实施。以往采用论文、实验任务和档案袋评价形式所做的实践类测评，现在则以模拟游戏的方式被使用或提出。

从测评设计来看，特别强调情境的嵌入。在全球强调对学生核心素养进行培育的当下，测试命题越来越强调真实或接近真实的情境的嵌入。在线电子化测试环境为情境呈现提供了越来越多的技术支持。在 PISA 测试中，情境已成为基础评价框架的重要维度。例如，PISA2015 科学测试对情境维度进行了具体分类，就主题来说，包括健康、自然资源、环境、危险、科学与技术前沿五类；就与人的关系来说，包括个人的、社会的和国家的三类。所命制的题目均属于 3×5＝15 种分类中的一种。

与普通题目相比，有情境嵌入的题目的优势在于，有助于扩大知识面，唤起学生对于新异情境的作答兴趣；有助于考查学生在原始情境中从学科的视角解决问题的能力，并将问题解决过程迁移至现实、真实生活中去。

从测评证据收集来说，来自日常活动中的嵌入性证据越来越得到重视。在此，嵌入主要包括两种类型：其一，对学生在学校（或其他学习环境）中的学习采用随机抽样方式进行追踪，应用这些数据不仅可对教学现状进行描述，还可以对学生知道什么、能做什么进行推论；其二，设计一系列完好活动，将其插入指定的教学活动，并记录学生相应的反应，如嵌入课堂教学中的表现性评定任务等。相对而言，第一种类型随机性强，取样方便；第二种方法需要结构化设计在前，取样比较困难。也可通过这两种途径收集与整合不同类型的信息，运用一种方法的结果来弥补另一种方法的不足，从而实现两种方法相互弥补。

从测评技术来看，自动命题与评分技术有了长足的进展。许多国际测评公司开始研发题目自动生成器，开发对主观题目进行自动评分的在线评分系统。这不仅会大大降低人力与物力成本，而且有助于测评更复杂的东西，提升评分的效率，提供更为细致的、关于表现的反馈。

此外，来自在线学习与在线评价的新类型数据也在呈现，如过程性数据、行为时间、持续时间等。一方面要就这些数据对于传统测量模型的适用性进行探索，另一方面要将教育数据挖掘、学习分析、计算型的心理测量等新方法不断引入测量过程。

第二部分　测验的编制

第二章　教育评价基本理论

本章主要介绍了两个理论，分别是布卢姆教育目标分类学理论，以及学习结果的结构分类学理论。前者在教学和评价领域有近半个世纪的应用历程。近年来，随着 PISA、国家教育质量监测等项目的实施，布卢姆的教育目标分类学理论在我国逐渐被理解并被应用于实践。后者发展历程不及前者，但也有着广泛的应用基础，并且适用于不同学科。

第一节　布卢姆教育目标分类学

一、布卢姆教育目标分类学的提出及其修订的简要过程

根据安德森（Anderson）的介绍，布卢姆教育目标分类学研究的启动源于 1948 年在美国波士顿召开的一次非正式会议。[①]参加这次会议的是一些来自高校的考试负责人，这些人在各自的学校里负责本科课程的考试命题、测试实施、阅卷结果报告。他们结合各自的经验，尤其是为了能够节省命题的人力成本，认为应该确定标准术语，以清楚地表明试题的测验意图。他们认为这套预期中的术语体系是将预期的学生学习结果进行分类的标准框架，可以促进对测验试题、测验步骤以及测验理念的交流。这套分类体系最初只开发了认知领域的框架，而后在 1964 年开发了情感领域的框架。

布卢姆认知目标分类体系一经提出，就得到了广泛的应用。1956—1994 年，被翻译成多种文字，在世界范围内成了测验设计和课程开发的基

---

①　[美]洛林·W. 安德森：《布卢姆教育目标分类学修订版（完整版）：分类学视野下的学与教及其测评》，蒋小平等译，vii-viii 页，北京，外语教学与研究出版社，2009。

础依据。但是出于时代发展和社会变化，以及学界对学生学习和教师教学的评价等方面的深入理解，安德森等人认为应该对使用了 40 年的教育目标分类学进行一次修订。1995 年，修订小组召开了第一次会议，着手讨论修订事宜，经过了数年的努力，在 1999 年完成了这一工作。

上述简要介绍一方面希望能够使读者了解教育目标分类学是为了解释教育教学实际中遇到的问题，从而减少对理论的距离感；另一方面希望能够启发读者思考是否在教学中也遇到过相似的问题及这一理论在解决这些问题上的有益程度。

二、布卢姆教育目标分类学及其修订版的基本内容

基于上述介绍，我们知道，布卢姆教育目标分类学经过了长时间的发展和一次重要的修订。以下从两个版本的主要差别入手，并以修订版的内容为基础进行解释。

（一）什么是目标

《布卢姆教育目标分类学修订版（完整版）：分类学视野下的学与教及其测评》一书首先明晰了"教育目标"的概念，即"在教学时，我们希望学生通过教学活动获得相应的学习结果。这个结果就是我们的预期目标"[①]。根据安德森等人在其著作中的说明，在美国，学生的学习目标是细致的、条目众多的，教师面对如此多的目标往往难以准确把握。在这种情况下，就需要一个整体性的框架来建构对这些目标的理解，教育目标分类学就适度解决了这个问题。在安德森的教育目标分类学修订版框架下，教育目标被表述为"一个目标的陈述中包含一个动词和一个名词，动词通常描述预期的认知过程，名词通常描述我们期望学生将要习得或建构的知识"。例如，学生将学会区分（认知过程）联邦制和中央集权政府体制（知识）。教育目标分类学是在此目标定义方式的基础上表述的。

由于对知识维度分类的解释受学科内容的影响更大，而认知过程的复杂程度在各个学科具有普遍的适用性，且在当前教育宏观思路的引导下，本书主要讨论的教育评价环节更加强调对能力的测查与评价，而能力在一定程度上是以认知过程的复杂性来解释的，因此，以下着重对认知过程维

---

①　[美]洛林·W. 安德森：《布卢姆教育目标分类学修订版（完整版）：分类学视野下的学与教及其测评》，蒋小平等译，3～4 页，北京，外语教学与研究出版社，2009。

度进行介绍与说明。

（二）教育目标的认知过程分类

基于上述对目标的定义，教育目标分类学修订版将原有的单维结构划分成了两个维度。

图 2-1 呈现了教育目标分类学修订版主要的变化。[①]

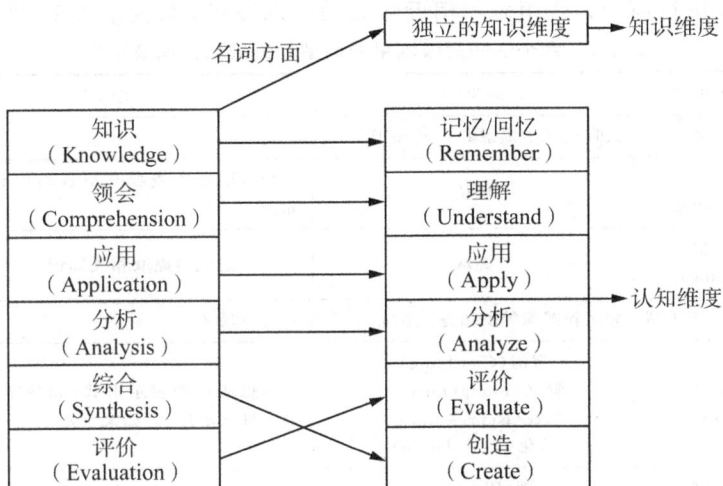

图 2-1 教育目标分类学修订版主要的变化

从图 2-1 可以看出，今天我们使用的教育目标分类学是在拓展与修改原版的基础上得到的。最大的直观差异体现在两个方面：一是提出了知识维度和认知维度两个明确的维度，二是以行为动词的方式来表达认知维度的不同层级水平。

认知维度的六个层级水平被认为是一个体现认知复杂性程度的连续体，分别被称为记忆/回忆、理解、应用、分析、评价和创造，它们体现的具体认知过程如下。

- 记忆/回忆：从长时记忆中提取相关的知识。
- 理解：从口头、书面和图像等交流形式的教学信息中建构意义。
- 应用：在特定的情境中执行或使用程序。
- 分析：将材料分解为它的组成部分，确定部分之间的相互关系以及

---

① ［美］洛林·W. 安德森：《布卢姆教育目标分类学修订版（完整版）：分类学视野下的学与教及其测评》，蒋小平等译，247 页，北京，外语教学与研究出版社，2009。

各部分与总体结构或总目的之间的关系。

  • 评价：基于准则和标准做出判断。

  • 创造：将要素组成内在一致的整体或功能性整体，将要素重新组织成新的模型或结构。

这六个认知层级水平的典型动词可以结合不同的学科知识情境，运用其他动词进行解释，或用表示相近含义的动词替代。详见表 2-1。[①]

表 2-1 六个认知层级水平的典型动词的同义词及定义

类别 & 认知过程	同义词	定义
1. 记忆/回忆——从长时记忆中提取相关的知识		
1.1 再认 （Recognizing）	辨认	在长时记忆中查找与呈现材料相吻合的知识
1.2 回忆 （Recalling）	提取	从长时记忆中提取相关知识
2. 理解——从口头、书面和图像等交流形式的教学信息中建构意义		
2.1 解释 （Interpret）	澄清（Clarifying） 释义（Paraphrasing） 描述（Representing） 转化（Translating）	将信息从一种表示形式（如数字）转变为另一种表示形式（如文字）
2.2 举例 （Exemplifying）	示例（Illustrating） 实例化（Instantiating）	找到概念和原理的具体例子或例证
2.3 分类 （Classifying）	归类（Categorizing） 归入（Subsuming）	确定某事某物属于一个类别（如概念或类别）
2.4 总结 （Summarizing）	概括（Abstracting） 归纳（Generalizing）	概括总主题或要点
2.5 推断 （Inferring）	断定（Concluding） 外推（Extrapolating） 内推（Interpolating） 预测（Predicting）	从呈现的信息中推断出合乎逻辑的结论
2.6 比较 （Comparing）	对比（Contrasting） 对应（Mapping） 配对（Matching）	发现两种观点、两个对象等之间的对应关系
2.7 说明 （Explaining）	建模 （Constructing Models）	建构一个系统的因果关系

[①] ［美］洛林·W. 安德森：《布卢姆教育目标分类学修订版（完整版）：分类学视野下的学与教及其测评》，蒋小平等译，51～52 页，北京，外语教学与研究出版社，2009。

续表

类别 & 认知过程	同义词	定义
3. 应用——在特定的情境中执行或使用程序		
3.1 执行（Executing）	实行（Carrying out）	将程序应用于熟悉的任务
3.2 实施（Implementing）	使用、运用（Using）	将程序应用于不熟悉的任务
4. 分析——将材料分解为它的组成部分，确定部分之间的相互关系以及各部分与总体结构或总目的之间的关系		
4.1 区别（Differentiating）	辨别（Discriminating） 区分（Distinguishing） 聚焦（Focusing） 选择（Selecting）	区分呈现材料的相关与无关部分或重要与次要部分
4.2 组织（Organizing）	发现连贯性（Finding coherence） 整合（Integrating） 概述（Outlining） 分解（Parsing） 构成（Structuring）	确定要素在一个结构中的合适位置或作用
4.3 归因（Attributing）	解构（Deconstructuring）	确定呈现材料背后的观点、倾向、价值或意图
5. 评价——基于准则和标准做出判断		
5.1 检查（Checking）	协调（Coodinating） 查明（Detecting） 监控（Monitoring） 检查（Testing）	发现一个过程或产品内部的矛盾与谬误，确定一个过程或产品是否具有内部一致性，查明程序实施的有效性
5.2 评论（Critiquing）	判断（Judging）	发现一个产品与外部准则之间的矛盾，确定一个产品是否具有外部一致性，查明程序对一个给定问题的恰当性
6. 创造——将要素组成内在一致的整体或功能性整体，将要素重新组织成新的模型或结构		
6.1 产生	假设（Hypothesizing）	基于准则提出相异假设
6.2 计划	设计（Designing）	为完成某一任务设计程序
6.3 生成	建构（Constructing）	生产一个产品

三、教育目标分类学的基本应用

教育目标分类学可以作为看待学生学习结果的重要角度之一应用在教学设计、教学结果评价等教育领域中。

在教学评价中，评价工具即测试卷中的题目。人们往往基于教育目标分类学对测验的整体结构、试题的具体情况进行设计。以下是一些简单的示例，本书的后续章节将陆续深入说明。

（一）旨在测查"记忆/回忆"的题目

题目示例

看拼音写汉字

怀 yí □   珍 cáng □   □ xiǎng 受   □ chóng 敬

这是语文学科中一类典型的应用到回忆认知过程的题目，需要学生从长时记忆中获取与题目要求相关的信息，并呈现出来。英语学科中写出单词，历史学科中写出事件年代、代表人物，数学学科中回忆公式或定理等都属于这一类题目。

（二）旨在测查"理解"的题目

从表 2-1 可以看到，"理解"这一认知维度下，有很多不同的思维操作，是表 2-1 中六个层级中思维操作种类最多的一个。值得特别注意的是，其中"举例"一项有时在命题时会被误认为属于"应用"认知过程中的思维操作，但从表 2-1 的定义中可以看出，"应用"更强调对某种程序的使用，而依据原理或概念找出相应的例证并不属于对某种程序的应用。典型的考查举例的题目如下。

题目示例

下列哪一项属于化学变化？（   ）

A. 盐溶于水   B. 油和水混合

C. 磁铁吸引铁钉   D. 树枝燃烧

（三）旨在测查"应用"的题目

安德森等人的著作中对"应用"的解释包括"执行"和"实施"两类，其中前者指的是将程序应用于熟悉的情境，后者指的是将程序应用于不熟悉的情境。"执行"的典型题目如下。

题目示例

解方程

求一元二次方程 $3x^2+5x-2=0$ 的解，并写出计算过程。

这是典型的根据固定步骤导出明确答案，将特定程序应用于熟悉情境中的题目。

　　"实施"这一过程因为涉及不熟悉的情境，所以往往与"理解""创造"等认知过程一起使用。这也是有些学者对教育目标分类学修订版进行批判的角度之一，即认为"应用"以上更高水平的认知过程中，往往难以避免互相包含的关系。正因为如此，在很多实际测验的应用中，对认知层级的界定在参考教育目标分类学（修订版）的认知过程分类的基础上，进行了适当的调整与界定。本书关于测验框架设计的章节中对此有专门的说明。此外，由于"应用"认知过程以上的各层级认知过程的复杂性，相关例题也在后续章节中涉及的地方详细说明。

第二节　学习结果的结构分类学

　　学习结果的结构分类学（以下简称 SOLO 分类）是又一个旨在解释学生思维过程的理论。SOLO 是英文"Structure of Observed Learning Outcome"的缩写，这句英文翻译成中文意思是可以观察的学习结果的结构。由约翰·B. 比格斯（John B. Biggs）以及凯文·F. 科利斯（Kevin F. Collis）首创。以下从这一理论产生的背景和主要内容两个方面进行说明。

一、SOLO 分类理论产生的背景

（一）SOLO 分类理论产生的实践背景

　　SOLO 分类理论产生的实践背景与前述的教育目标分类学相似，都是为了解决教育领域中遇到的问题。SOLO 分类理论所要解决的问题是随着学习的深入，学习者思维中将已有知识和新知识建立了联系，并在可能的情况下发展出了抽象的结构体系以及新的思考角度。而传统测验总是无法有效测量这些体现较高思维水平的学习过程或结果。因此，SOLO 分类理论旨在"为确定复杂的学习过程层次提供一个通用框架"[①]。从提出的目标看，该理论是可用于所有学科的通识性框架，具体而言，

---

　　① ［澳］约翰·B. 彼格斯、［澳］凯文·F. 科利斯：《学习质量评价：SOLO 分类理论(可观察的学习成果结构)》，高凌飚、张洪岩译，中文版序 7 页，北京，人民教育出版社，2010。

是指向相对复杂的认知过程及结果的。从其在实践中的发展角度来看，这一起初是为了解决教育测评环节的问题的理论，也逐渐被应用到课程和教学中。

（二）SOLO 分类理论产生的理论背景

SOLO 分类理论具有普遍适用性的一个重要原因可能要归于其理论基础——发展心理学家皮亚杰（Piaget）的儿童发展阶段论。皮亚杰提出，个人终身发展经历了感知运动阶段（sensori-motor stage）、前运算阶段（preoperational stage）、具体运算阶段（concrete operational stage）及形式运算阶段（formal operational stage）。约翰·B. 比格斯及凯文·F. 科利斯认为，学生在学习过程中，也会经历与上述阶段相似的五个阶段，因此提出了 SOLO 分类的五个层级。这些层级是根据学生对于特定问题的作答反应推断出来的。

二、SOLO 分类理论的主要内容

SOLO 分类理论将学生对于问题的作答反应，按照其思维结构的复杂程度进行划分，共分为五个由低到高的不同层级，分别是前结构、单一结构、多元结构、关联结构和拓展结构。

具体而言，前结构指的是学生的作答反应是完全错误的，或者作答反应与问题本身是完全不相关的。前者是说学生没有对问题形成正确的理解，进而没有给出正确的答案；后者指的是学生的作答脱离了问题的要求。

单一结构指的是学生的作答反应只涉及问题的某一相关信息，即根据题目要求可能需要几个方面的信息才能全面完整地回答问题，但是学生只作答了其中一项。这样的答案可以反映学生对问题没有形成充分的理解，也就是说没有达到较高的思维水平。

多元结构指的是在单一结构的基础上，学生还能够答出与问题相关的其他方面的信息，但是这些信息是并列的，或者说是零散的，只是在数量上比单一结构更多了。同时学生即使对某些片段信息之间的关系有所理解，但仍然不能从对问题涉及的各方面信息做出整体的把握。

关联结构指的是通过学生的作答反应可以看到，其对问题所涉及的各个方面的信息都有所掌握，能够将它们综合在一起，概括得出结论。在这一过程中，学生表现出对问题的充分理解，能够在相对复杂的信息之间建立联系。但是这些信息都是问题情境中涵盖的内容，是与问题直接关联的，没有拓展到其他角度。

拓展结构指的是在对现有问题情境中的全部信息进行概括之后，还能联系其他相关素材，将可能对问题情境有影响的素材进行概括，得到更具开放性的思考结果；或者对问题进行了抽象的归纳，进而形成了一个一般性的假设。

值得注意的是，上述不同结构的作答在思维的复杂程度上是依次加深的。一方面，学生有时会存在过度回答的情况，即其作答表现处在某两个层级之间，体现了思维发展的过程；另一方面，针对一个具体的问题，是否能够展示出更高级别的思维结果，取决于题目的要求。

第三节　教育评价理论的应用

布卢姆教育目标分类学理论和 SOLO 分类理论均是为了解决测验中对学生能力层级的判断问题而提出的，在命题过程的不同环节可以发挥重要的作用。本节以布卢姆教育目标分类学理论在命题中的应用为例进行说明。

我们在实际中应用布卢姆认知层级理论的行为动词时，结合各自学科的内容特点，往往可以做出具有学科化特点的更深入的解释。这种解释与前面所述的同义词解释相似，但更具学科针对性，也是不同学科在应用布卢姆认知层级理论时应该加以考虑的。2017 年《考试研究》发表的一篇文章给出了一个很好的实践案例。[①]研究者结合当前高考英语阅读和写作题型，对布卢姆认知层级理论进行了深入的学科化分析，并通过图 2-2 呈现了其结果。该案例从英语学科特定的题目类型入手，针对同一题型分析了基于布卢姆认知层级理论的连贯表现，结合阅读写作这一题型，"记忆/回忆""理解"这两个认知过程被解读为对阅读文段的信息再现，对应的题型

---

① 李留建、刘欣、杨立剑等：《基于布卢姆教育目标分类理论的阅读表达策略的实践研究》，载《考试研究》，2017(1)。

是获取或识别文中信息；"应用""分析"这两个认知过程被解读为信息重组，对应比较多的题型；"评价""创造"这两个认知过程被解读为观点生成，对应给予评价或生成看法类的题型。

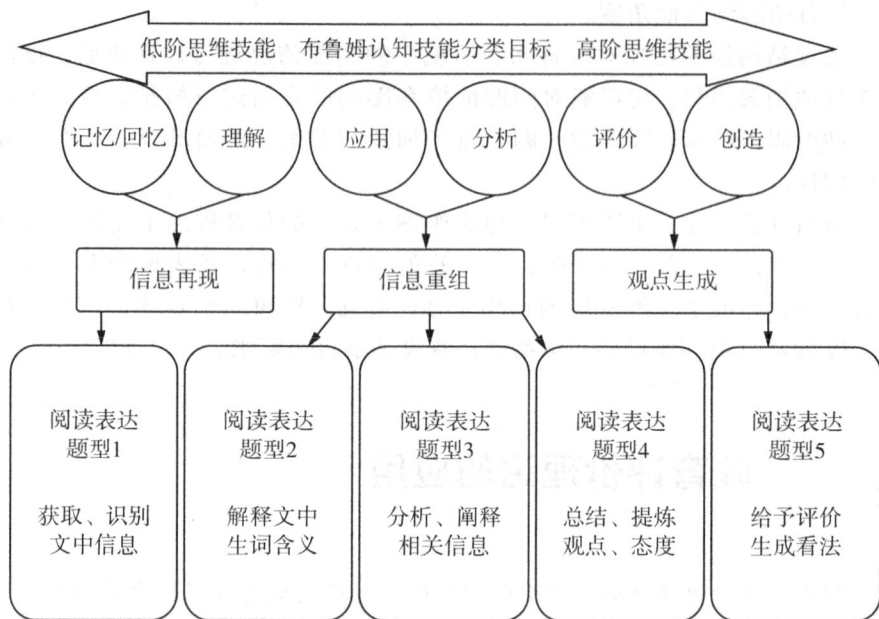

图 2-2　英语阅读表达试题认知属性层次分布模型示意图

　　对布卢姆教育目标分类理论体系下的认知动词的学科化是测验开发者在命题前应整体考虑的重要内容。对于建构反应试题而言，由于其涉及的思维层级高，认知过程复杂，因此命题者更需要进行前期的清晰界定。

　　本章概要式地介绍了两个以认知心理学为基础发展而来，并在教育评价中起到重要指导性作用的理论：一个是布卢姆教育目标分类学及其修订版，另一个是 SOLO 分类理论。本书后续涉及教育评价的框架建构、题目命制等多个环节的章节会详细分析这些理论在实践中的应用。

　　上述两个理论是本书所介绍的实践研究，实际应用的理论。教育评价研究领域中，除此之外还有多个针对实践中遇到的不同问题的理论框架，如教育心理学领域奥苏伯尔（Ausubel）的层级学说、加涅（Gagne）的学习理论、马扎诺（Marzano）的教育目标分类学等，它们都从不同的角度给出了看待学习过程的方法。感兴趣的读者可以深入研究相关内容。

第三章 测验框架与蓝图设计

第一节 测验设计

测验设计指依据测验目的，对测验分数使用、测验效度、测验内容、心理测量学指标等方面的初步考虑与规划。常用的测验设计框架是以证据为中心的设计，即以证据为支撑来进行测验建构，且测验效度证据也成为建构的一部分。命题人员通过测评知识和技能，辨别出那些能够证明掌握知识与技能的证据，并通过建构问题来反映这些证据。

实施测验的目的有很多，如服务于教育决策的学业质量监测、服务于毕业证书的学业水平考试、服务于招生选拔的入学测试、服务于日常教学的诊断性测试等，如表 3-1 所示。

表 3-1 不同测验的相关要素

测验类型	实施对象	反馈对象	分数解释	测试性质	个体风险性
教育质量监测	全体或抽样群体	群体	是否达到已有质量标准	标准参照	低风险
各类毕业测试各类学业水平测试	全体	个体	是否达到已有水平标准，达到即可准许毕业	标准参照	高风险
各类选拔性测试	全体	个体	名次前后	常模参照	高风险
各类诊断性测试	全体	个体	问题所在	标准参照	低风险

测验分数使用。根据对测验分数使用与解释的差异，可将测验划分为常模参照测验和标准参照测验。一般来说，常模参照测验常常需要那些能够较大程度地区分学生能力的测验试题；标准参照测验由按照具体目标或者能力标准陈述来命制的试题组成，强调试卷对测查领域的代表性。明确两类测

验的性质差别对于理解、解释两种测验的分数结果具有重大意义。

　　此外,是否将测验分数应用于高风险和低风险决策也是考虑要点,其中风险的高低主要是针对个人来说的。高风险的决策将影响考生是否能够顺利升学、得到某类证书;低风险的决策往往与考生个人利益关系不大,如教育质量监测、日常教学诊断测试等。由于测验分数应用的风险性不同,因此测验开发者可能会在命题和实施的标准化、严格化程度方面有不同要求。测验风险性越高,标准化要求、严格化要求也就越高。

　　测验效度。　测验效度指的是采用研究方法来证明对测验分数的解释的合理性与科学性。在基于证据的设计框架下,效度是测验设计的重要组成部分,需要在测验建构之初就制定收集效度证据的框架,从而说明在哪个阶段、采用哪种方式、要获得哪类效度指标。表 3-2 呈现了美国教育测验服务中心某项目的效度框架。在大规模测验系统中,建立效度可能需要若干年研究证据的积累。

表 3-2　美国教育测验服务中心某项目的效度框架

类别	描述
效度证据	提供证据支持有目的的推理及行动,这些推理及行动是建立在所报告的测验项目结果基础之上的
公平性和可适用性	确保对于所有考生的质量和有效性,包括残疾考生或英语学习者
对测验修订和当前项目变化的支持	开展基础性研究(如认知实验室),支持测验修订或维护的分析性实验或题目编制问题
分数和量尺	确保一个合适的量尺被开发或维护
安全性	检查影响测验基础概念的安全性问题
评分与技术	评价测验评分中的技术运用问题
测验准备	评价测验准确对于测验表现的影响
考生与总体	理解谁将参考测验及测验对于参加群体的影响
测量学特征	在题目和整卷水平上检查影响质量和有效性的心理测量特征,包括各个部分、测试时间及其他管理因素
分数解释	评价分数如何被考生和测验使用者解释及其如何被使用
政策问题	评价来自测验的信息如何被应用于做决策

　　测验内容。测验内容指的是要对所测查的内容覆盖范围进行清楚界定，这与测验目的和分数用途有着密切关系。在某个学科领域中，如果希望测量到学生综合运用多个概念的能力，就需要涵盖更广阔的主题范围；如果希望通过测验将学生安置在不同能力水平的班级中，那么需要涉及较窄较深的学科知识；如果需要报告总分和所有分领域的分数，那么测验内容领域覆盖面也要适当调整，如扩大覆盖面或增加考题数量。

　　确定测验内容后，需要选择题型。较常用的题型是以标准化多项选择测验为代表的选择反应试题和以表现性评定为代表的建构反应试题。两者各有利弊，优势互补。其中，复杂的表现性评定常被认为更适合于指向对核心素养的测量。

　　心理测量学指标。心理测量学指标指的是明确设定的关于测验难度、题目难度分布、题目区分度等的数据指标。指标的设立一方面体现了对测验的技术要求，另一方面有助于多个版本测验间实现等值。

　　题目难度的目标分布体现了测验的目的极为重要。大多数学者认为，各种难度题目的混合分布有助于做出关于考生的较好决策。因为如果测试过难或过易，那么绝大部分考生将不能回答或全部答对问题，这就意味着考生全部被划定为一组，测验不能有效区分考生在不同能力水平上的差异。

　　设计阶段也同样要考虑题目区分度。题目区分度指标表明了题目分数和测验总分之间的相关及将不同能力水平考生进行区分的程度。在设计规划阶段使用的指标类别，可能依赖于采用的理论基础是经典测验理论还是项目反应理论。如果采用经典测量理论，那么难度 P 值、题总相关、a 系数及标准误均要考虑；如果采用的是项目反应理论方法，那么就必须考虑测验信息量及各类题目参数。具体实践中采用哪一种，主要依赖于测验者的偏好与服务对象的需求。

第二节　测验方案

　　测验方案是对测验的内容、方式及表现标准的说明，类似于各类考试的考试说明。测验方案大都包括测验框架、测验内容标准、测验表现标准或学业水平描述，更为详细的测验方案还包括题型、构成比例、分数报告、题型示例等。其中，测验框架、测验内容标准和测验表现标准是其较为重要的构成部分。

一、测验框架

测验框架是测验开发的理论基础，体现了学科专家对于学生学习结果的认识，即从哪些角度对学习结果进行评价更为科学客观，也是对学生本学科学习结果的抽象化、模型化的认知。就国内外的测验框架来看，测验大都包括两个维度。

一个维度为测验内容。此维度通常与所考查领域的知识内容密切相关，涵盖该领域的基本概念、大概念、核心概念、主题内容、领域核心能力，大多较为固定。内容维度设定体现了对考生的知识范围的界定，即所谓掌握广度。内容维度不是考查的目标，但却是考查目标—能力层级的现实载体。例如，北京市义务教育教学质量分析与评价反馈系统地理学科的内容维度包括四个方面：地球与地图、中国地理、世界地理、乡土地理。在国家或省级的学业水平考试中，内容维度的设定往往与国家课程标准相一致。

另一个维度为认知过程。此维度与评价领域的知识内容无关，体现了认知水平或操作层级，通常是建立在相关心理学理论基础之上的。这是由于对大规模学业成就测验而言，仅仅强调测量对复杂概念的理解、测量拥有足够的内容覆盖面是不够的，对跨内容领域简单事实性知识的测量并不能替代对概念的综合理解或应用内容知识来解决新异问题能力的测量。因此，需要开发应用于分析内容的复杂性或评价任务的认知要求。这些框架可以是分层的，也可以是分类的。认知过程维度的设定体现了对考生认知能力层次的划定，即所谓掌握深度。这种划定往往需要来自教育心理学、认知心理学领域的研究的支撑。当前，国内外测评领域应用最多的还是来自美国教育心理学家布卢姆的教育目标分类理论，或者在其基础上所形成的体现认知能力层级的各种组合变式。例如，在北京市义务教育教学质量分析与评价反馈系统的学业水平测验中，认知能力维度设定大多采用识记、理解和应用三种水平；在TIMSS的数学测评框架中，认知能力维度设定采用理解、应用和推理三种水平。

　　测验内容维度和认知过程维度两者相互结合、融通，构成了测验开发的理论基础。例如，美国教育进行计划 1990—1992 年的数学评价框架包括五个内容领域（数字与计算、测量、几何、数据分析、统计与概率），同时划分为三个数学能力过程（概念理解、程序性知识和问题解决）。

　　当前，由能力与内容两个维度构成的测量框架比较常见。也有大规模学业成就调查的测验框架会根据最后测试目的及数据解释的实际所需，采用一维、三维甚至多维的框架。例如，北京市义务教育教学质量分析与评价反馈系统语文学科的监测指向单一维度，即学习领域，由基础知识、阅读、写作、口语交际四个方面构成。PISA 测评中，除了内容与能力维度之外，还有第三个维度，即情境。具体如图 3-1、图 3-2、图 3-3 所示。

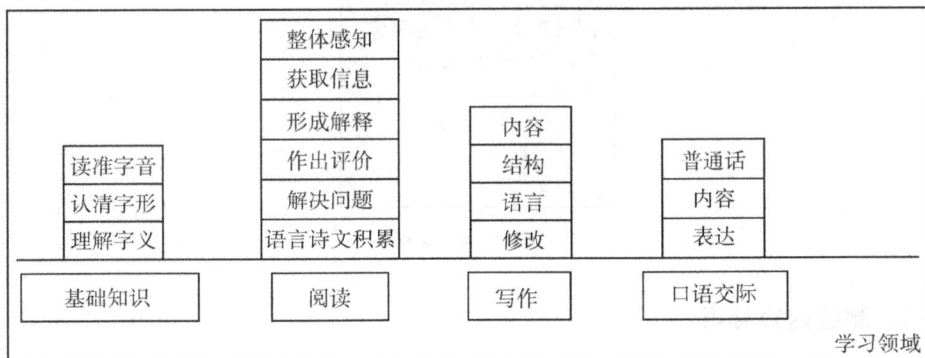

图 3-1　一维框架

TIMSS四、八年级数学框架

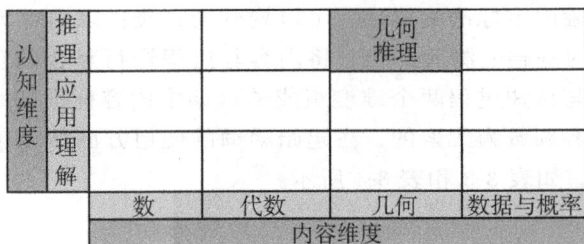

图 3-2　二维框架

能力维度   内容维度

指数学问题解决的过程及
其所蕴含的数学基本能力
·公式化（Formulate）
·应用（Employ）
·解释（Interpret）

· 变换与关系
· 空间与图形
· 数量
· 不确定性与数据处理

考查能力
（空间与图形、数学化、社会的情境）

内容维度+能力维度+情境维度

情境维度

立足个人的生活场景，
同时联系一系列科学与
公众关心的问题
· 个人的
· 教育或职业的
· 社会的
· 科学的

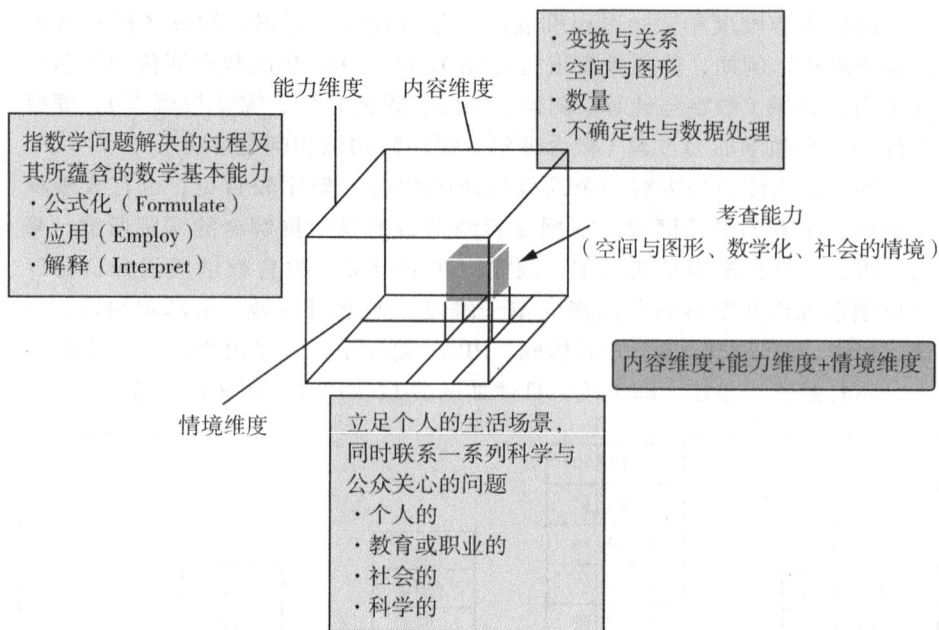

图 3-3　三维框架

二、测验内容标准

内容标准有时又称内容细目，是测试框架中学生应达到的具体目标，体现着在各个维度领域内容构成方面的详细要求。各维度的特征常常同时用于对多维测验内容标准的描述，可以划分为三类：以内容为基础的测验细目、以过程为基础的测验细目、将内容与过程进行整合的测验细目。对于由测验内容与认知过程两个维度组成的框架中内容标准的表述，往往是以呈现测验内容领域为线索的，在起始动词的使用方面体现了渗透认知过程维度的要求，如表 3-3 和表 3-4 所示。

表 3-3　世界地理内容标准

学习主题	内容标准
1.海陆分布	2.1.1 运用地图和数据，说出全球海陆所占比例及海陆分布特点（了解）
	2.1.2 运用世界地图，记住七大洲、四大洋的名称和分布　　　（了解）
2.海陆变迁	2.2.1 举例说明地球表面海陆处在不断的运动和变化之中　　（理解）
	2.2.2 知道板块构造学说，运用地图说出世界著名山系及火山、地震分布与板块运动的关系　　　　　　　　　　　　　　　　　　（理解）
3.天气与我们的生活	2.3.1 知道"天气"和"气候"的区别　　　　　　　　　　　　（了解）
	2.3.2 在简易天气图上识别常用天气符号并描述天气状况　　（理解）
	2.3.3 举例说明人类活动对大气环境的影响及保护大气环境的重要性（理解）
4.气温与降水的分布	2.4.1 运用世界年平均气温分布图，说出世界气温的分布规律　　（理解）
	2.4.2 运用世界年平均降水量分布图，说出世界降水分布的差异（了解）
	2.4.3 运用气温、降水资料，绘制气温曲线和降水量柱状图，说明气温与降水的变化规律　　　　　　　　　　　　　　　　　　　（理解）
5.主要气候类型	2.5.1 在世界气候分布图上说出主要气候类型的分布地区　　（了解）
	2.5.2 举例分析纬度位置、海陆分布、地形等对气候的影响　　（应用）

表 3-4　地理学科认知过程维度说明

能力领域	具体要求	具体要求
了解	指在阅读地图、数据、图表、文字资料等内容时，对所学过的地理事物和现象的再认和再现	知道、（运用资料）说出、记住、在地图上指出等
理解	指能运用地图和资料，对地理概念、现象和过程进行初步的分析、判断、归纳等	说明、描述、介绍、识（判）别、量算、估算、绘制等
应用	指能灵活运用地图及相关资料，分析地理概念、现象和过程，能解决简单的地理问题并能表达出来	比较、分析、归纳、评价等

　　通常来说，内容标准细目是依据教育教学的实际情况，从学习结果的角度对学科课程标准的细致化、操作化，体现出了对特定年级或学段学生学习结果的特征描述，较为详细地说明了在测试框架下学生应该知道什么、应该能做什么。与课程标准的内容标准相比较，测试内容标准

以有编号的条目形式呈现，更具年级或学段特点，针对性更强，要求更清晰、明确。

最终对测验成绩解释的适当性依赖于内容标准在定义和阐述上的严密性。内容标准应详尽、准确地表明哪些方面的知识、技能、过程、态度、价值、情绪或行为包含于测验，哪些不包含于测验。清楚的描述将有助于后期评审专家和其他有关人员对已经定义的内容标准和测验题目之间的一致性进行专业化判断。

三、测验表现标准

表现水平描述又称成就表现标准，体现了对有不同成就水平的学生在内容标准方面掌握程度的要求。内容标准明确了期望学生所要学的知识与技能，此外还必须对学生要掌握的程度或成就水平进行界定。表现水平描述针对此问题，就不同水平的学生应对内容标准掌握的程度和质量进行详细说明。随着学生学习程度不断加深、学习内容不断增多、认知能力不断增强，对其知道什么、能做什么的水平要求也不断提高。因此，对不同学业成就水平学生的典型表现特征进行描述极为重要。此外，高质量的学业成就表现描述也将为测评各个环节提供更直接、具体的依据。

通常大规模学业成就测验中包括三个及以上的表现标准，由水平名称、水平文字描述与最低分数线构成。水平名称往往由政策制定者在考虑结果如何被使用、水平间的差异量后决定，还要体现出在相应内容领域的精熟度程度。对表现标准水平的描述有助于人们了解分数线的作用，帮助教师与家长了解学生们知道什么、能做什么及潜在地不知道什么和不能做什么，也是对后期分数进行解释的基础。

表现标准的制定要注意将描述与学科课程标准、学科测试框架的内容相结合，强调关键行为的典型特征表现；注重不同年级之间、相同年级不同学业成就水平之间的连续性、递进性和差异性；注重采用正面描述的方式，且采用能够体现认知层次特征的动词或副词加动词的方式来体现各学业成就水平的学生知道什么、能做什么的最低标准；注意充分参照利用已有年度的测试数据结果。北京市义务教育阶段分析、评价与反馈系统（以下写作 BAEQ）三年级数学学科学业成就水平标准参见表3-5。

表 3-5 　BAEQ 三年级数学学科学业成就水平标准

优秀水平	能用逆运算和估算等方法自觉地检验口算与笔算的结果是否正确；掌握对大数进行估计的方法；能灵活运用不同方法解决问题，并对方法和结果的合理性做出正确的判断。 　　在对简单平面图形和立体图形进行分类时能说出分类理由。能灵活解决稍有变化的图形的面积与周长的问题。 …………
良好水平	对一些计算题，能用不同的方法进行口算与笔算；能结合具体情境进行估算，并解释估算的过程，能运用不同的方法解决问题；能结合生活实际，解决与常见的量有关的简单问题。 　　能对简单的平面图形和立体图形进行分类；在解决实际问题中，能恰当地选择长度单位和面积单位；能联系实际估计物体的长度和长方形、正方形的面积；能运用长方形、正方形的面积公式和周长公式，解决生活中的简单问题。 …………
合格水平	了解万以内数的…… 　　能辨认常见的平面图形、立体几何图形；能辨认从正面、侧面、上面观察到的简单物体的形状；认识长方形、正方形的特征；认识角，能辨认直角、锐角和钝角；认识常用的长度单位和面积单位，会进行简单的换算；能结合实例认识周长和面积的含义，能正确测量和计算长方形、正方形的周长和面积。 …………

第三节　命题蓝图的编制方法

什么是命题蓝图？

命题蓝图通常是指以测验框架中内容维度为一轴、以测验能力维度为另一轴画出的二维分类表，也有单维或多维的情况。命题蓝图是测验设计思路的完整呈现。在日常校内教学测评中，蓝图的一维是课程内容，另一维是教学目标。目标层次设定大部分基于教育目标分类学的理论。

命题蓝图有什么作用？

命题蓝图在操作层面的作用有两个：第一，保证测验对于所测量领域的代表性，提高测量的准确性；第二，保证在不同时间实施相同性质的测验，能够测量到相同的能力和知识结构，提高测量效度。通常而言，测验分数结果越重要，测验分数的风险性越高，命题蓝图中对于测验相关细节描述越详细。

命题蓝图应形成于开始编写试卷之前，但是可以在试卷编制过程中不断调整。

命题蓝图包括哪些类别？这里将命题蓝图划分为两类。

卷蓝图：对试卷整体结构组成的描述，包括在二维结构的内容维度中的每个内容领域、能力维度中的每个能力领域所占分数或题型的百分比，如表 3-6 和表 3-7 所示。

题蓝图：对试卷中每道题目的特征的描述，包括对题目基本信息、类属特征、测量学特征的说明，如表 3-8 所示。

卷蓝图呈现了试卷的间架结构，题蓝图是在题目水平上对卷蓝图的深度化、具体化与操作化。某些低风险的日常校内测试中，通常只有卷蓝图。

表 3-6　北京市 BAEQ 八年级语文学科学业水平测验细目

领域　　题量	内容领域													合计
	识字与写字			阅读						写作				
	读准字音	认清字形	理解字义	整体感知	获取信息	形成解释	作出评价	解决问题	语言诗文积累	内容	结构	语言	修改	
题量及百分比值	3 (9%)	3 (9%)	0 (0)	3 (9%)	5 (14%)	4 (11%)	2 (6%)	2 (6%)	7 (19%)	6 (17%)				/
分值及百分比值	6 (6%)	6 (6%)	0 (0)	7 (7%)	11 (11%)	10 (10%)	5 (5%)	4 (4%)	16 (16%)	17 (17%)	3 (3%)	10 (10%)	5 (5%)	/
各部分题量及百分比	6 (17%)			23 (66%)						6 (17%)				35 (100%)
各部分分值及百分比	12 (12%)			53 (53%)						35 (35%)				100 (100%)

表 3-7　北京市 BAEQ 八年级物理学科学业水平测验细目

能力领域	内容领域									
	科学探究		物质		运动和相互作用		能量		合计	
	题量	分值	题量	分值	题量	分值	题量	分值	题量%	分值%
了解	0	0	3 (7%)	8 (8%)	9 (22%)	23 (23%)	4 (10%)	9 (9%)	16 (39%)	40 (40%)
理解	0	0	3 (7%)	8 (8%)	2 (2%)	6 (6%)	4 (10%)	1 (11%)	9 (22%)	25 (25%)
应用	8 (20%)	15 (15%)	2 (6%)	4 (4%)	6 (14%)	16 (16%)	0	0	16 (39%)	35 (35%)
合计 (%)	8 (20%)	15 (15%)	8 (20%)	20 (20%)	17 (42%)	45 (45%)	8 (20%)	20 (20%)	41 (100%)	100 (100%)

表 3-8　北京市 BAEQ2012 八年级物理学科学业水平测验命题蓝图

题号	题型	学科内容领域				学科能力领域			内容标准编号	题目描述	理论得分等级	满分值	选项	选项含义		题目指标预计		
		科学探究	物质	运动和相互作用	能量	了解	理解	应用						错误类型		预计平均分	预计难度	预计区分度
一 2	选择题		*			*			1.2.2	估计日常生活中常见物体的质量	0、3	3	A	不会估计日常生活中常见物体的质量		2.9	易	低
													B		正确答案			
													C	不会估计日常生活中常见物体的质量				
													D	不会估计日常生活中常见物体的质量				
六 41	计算题			*				*	2.2.44	会用物体的浮沉条件分析、计算有关问题	0	5	0	不会计算物体排开液体体积和物体密度		2.5	较难	较低
											12		1	知道阿基米德原理的表达式				
											3		2	能利用阿基米德原理的表达式，计算出物体排开液体的体积				
											4		3	能根据物体排开液体体积，计算物体体积				
											5		4	能根据物体的质量和重力的关系式，计算出物体的质量				
													5	能根据密度公式计算出物体的密度				

续表

题号 / 题型	学科内容领域				学科能力领域			题目特征描述					选项含义 错误类型	题目指标预计		
	科学探究	物质	运动和相互作用	能量	了解	理解	应用	内容标准编号	题目描述	理论得分等级	满分值	选项		预计平均分	预计难度	预计区分度
……	……	……	……	……	……	……	……	……	……	……	……	……	……	……	……	……
题量合计	8	8	17	8	16	9	16	整卷题量总计					41			
题量百分比（%）	20	20	41	20	39	22	39									
分值合计	15	20	45	20	40	25	35	整卷分值总计					100			
题量百分比（%）	15	20	45	20	40	25	35									

如何编制卷蓝图？

确定恰当的、能够全面反映学生学习结果的认知能力维度框架（或者教学目标），确定恰当的、能够反映教学内容的维度框架。当前国际测验中，有时还会将情境主题作为除内容维度和能力维度之外的第三个维度。维度只是体现了从哪些角度来看待试卷及其内部的结构。例如，在上述卷蓝图中，八年级物理学科学业水平测试内容维度为科学探究、物质、运动和相互作用、能量四个部分，划分依据主要来自物理课程标准；认知能力维度为了解、理解和应用三个层次，划分依据是布卢姆的教育目标分类学。

确定试卷的内在结构，即内容维度各个部分、能力维度各个部分间的分值和题量比例等权重数据。例如，在上述物理学科卷蓝图中，内容维度中的"物质"部分占总卷的分数值为 20%，题量值也为 20%；能力维度中的"应用"部分占总卷的分数值为 35%，题量值为 39%。这些权重数值的确定依据来源于测验目的、教学目标、课程标准要求、教学课时安排。这些数值通常采用专家调查判断法得到，即对来自教学领域中各群体（课程专家、教师）的调查结果进行分析和总结，从而判断、决定内容领域每个部分、认知能力领域每个部分在测验中的相对权重。

确定总题量及测验时间长度。

题量大小、测验时间长度与测验分数的精准度有关，有足够题量和时间的测验才能对能力进行足够精确的估计。此外，测验时间的长短还取决于学生年龄、测验题型、对测验结果的反馈与解释要求。

通常而言，根据国际测验标准的要求，整卷试题不少于 32 道题目（32个测查点）。如果需要提供各个部分的分数，那么每个部分的题量不少于 8道。例如，在某项对科学能力进行评价的大规模质量监测考试中，如果只需要提供一个关于数学能力评价的总表现情况或反馈，那么最小题量为 32道；如果还需要反馈关于代数、几何、统计等各个部分的表现情况，那么以最小反馈单位来计算，每个部分的题量不得少于 8 道。

卷蓝图是题蓝图的基础。

如何编制题蓝图？

题蓝图包括对每道试题特征的具体描述，体现了题目或考查点与框架中的内容标准的关系。

　　确定题蓝图的结构。概括来说，测验蓝图大多包括题目基本信息情况、题目领域类属情况、题目作答方式与内容描述、题目测量学特征等内容。题目基本信息情况包括所属题册编号、题目编号等，题目领域类属情况包括题目属于哪个内容分领域或认知过程分领域等，题目作答方式与内容描述包括题目形式、题目描述、选项安排等，题目测量学特征包括题目的难度、区分度、权重等。

　　确定每道题目的考查点。首先，保证每道试题只涉及内容维度和能力维度中的一个考查点，即同维度不同部分之间不能交叉；其次，所有题目涵盖的考查点要尽可能覆盖到框架的合理范围，以保证考查内容具有代表性。

　　通常，测试大都采用一份考试卷，卷上的试题是所覆盖内容的代表性抽样。但是在许多大规模质量监测中，由于采用多份平行题本进行测查，因此所有题本试题可以覆盖所有内容

　　确定每道题目的题型。 根据考查点，确定适宜的题目类型及作答方式。根据作答方式，大体可划分选择性反应或建构性反应两类题型。两者各有优势与不足，可根据测试目标、时间要求、资金成本等现实要求进行选择。

　　确定分值。 确定分值是传统命题中的重要环节，科学的分值确定应与完成题目所需要的认知加工的深度和广度、投入的时间有密切的关系。在解决问题的过程中，加工的深度体现为所需思维的深刻性与复杂性，加工的广度体现在综合性方面。由于问题越深入、越综合、越复杂，解决问题所花费的时间就会越多，因此，这个问题也应该被赋予更高的分值。这也是一道题目的分值是另一道题目分值两倍的原因。然而，现实的命题工作中，有时出于整卷难度、题目题型编排等考虑，会出现题目越难、赋值越低的情况，从而忽略对能力测评本身公平性、科学性的追求。

　　建构反应题目往往也是多级计分的题目，有多个分数等级。 每个等级的简要特征也要呈现在蓝图上。例如，题蓝图中第六大题 41 小题，满分为 5 分，理论得分等级为 0，1，2，3，4，5，并给出了与分数相对应的特征描述。

　　确定测量学预估指标。 测量学预估指标大都围绕着基于经典测验理论的试题难度与区分度展开，主要采用完全经验估计与基于以往实测数据的

经验估计。预估值与实测值的差异也是后期进行试题质量评析的重要指标。

如何编排试题？

科学化题目编排的目标是有助于考生在题目内容上最大化地利用时间，减少适应题目类型或测验形式的时间。四种常用的编排题目顺序的方法如下。

内容分组排序：具有相近内容的试题放置在一起呈现在测验中。与随机呈现试题相比，这种方法虽然有助于减少作答过程中的认知转换次数，但可能会为正确答案提供背景线索，可能会影响预期难度。

难度顺序排序：题目可按照难度不断提升的顺序来排列。当几道题目与一个共同的刺激有关时（如阅读理解题目），通常在题组内对其按顺序进行排列。每个题目组在测验中的位置要依据组内所有题目的平均难度值来定。当题目不可能都完成时，此优势在于增加作答信息，避免将时间浪费在前面较困难试题上，减少考生的考试焦虑。

自适应排序：如果是计算机化自适应测验，那么就需要慎重考虑选择题目的算法，届时不仅要考虑能力估计的精准性，还要考虑内容领域及题目的顺序限定。

特别照顾：测验组织应当明确为特殊考生提供何种类型的特定测验形式。例如，为盲人考生提供盲文卷，为弱视考生提供大字卷等。如果采用计算机测试方式，还可能为有特殊需求的考生群体提供特定的电脑屏幕和键盘等。

除此之外，题目编排还应该考虑到题型、测量学习结果及测量的素材等情况，可参考以下一些原则。

可依据题型来排列，通常是简单容易的类型在前，复杂困难的类型在后。是非题、选择题一般放在前面，其后为填空题和简答题，最后为论述题；同时注意将同类题型编排在一起，避免不同类型交错。

不应将试题分割成两页呈现；测验版面的安排要考虑到评分，避免造成评分困扰；测验中所有题目的排版方向要统一，各级字体、级数也要一致。

测试年龄较小的考生时，试卷的字号要大一些，有些阅读内容的应加注拼音，计算题、论述题应留有足够大的空间。

　　IEA 主持的国际阅读素养进展研究的题目编写指南强调，在题目呈现顺序方面，靠前的题目应该比较简单。例如，在测验初始设置 1～2 道简单题目作为作答难题前的热身，并将学生带入测试情境。在体现高阶思维能力题目呈现方面，建议将其均匀分布在试卷中，否则如果集中在末尾，那么未完成全部试题的学生就失去了展示此类技能的机会。

附录

排放题目

　　当在测验中排放题目的时候，建议应该从较容易的题目开始，从而减少考生的考试焦虑。在此部分，我们将以 PISA 数据为例，讨论考生疲劳对于测验难度的影响。PISA2003 拥有 13 份旋转题册。对于每份测验题册来说，每个题册包括 4 个测验题目组块。我们参照题目组块的位置，将其设定为组块 1、组块 2、组块 3 和组块 4，并按照顺序将其排放于每份题册之中。在 PISA2003 中，每道数学题目只出现在 4 份测验题册的不同组块。这就是说，每道数学题目将出现在某份测验题册的第一道题位置上、某份测验题册第二道题位置上、某份测验题册第三道题位置上、某份测验题册第四道题位置上各一次。例如，表 3-9 呈现出 OECD 数据库中的前五道题目的正确率。

表 3-9　处于题册中 4 个不同位置的 5 道数学题目的作答正确率

位置	作答正确率				
	房间	积木	散步	绘画	成长
位置 1	72.9	43.9	38.1	61.6	65.2
位置 2	75.6	41.1	37.1	60.6	62.8
位置 3	70.8	35.8	33.1	59.9	60.2
位置 4	67.2	30.1	30.2	49.3	50.4

　　由表 3-9 可以知道，随着题目呈现的位置逐渐后移，作答正确率不断降低（表中每列的数字在不断下降）。图 3-4 以图的形式表明了作答正确率的情况。随着一道题目在题册中的位置不断后移，其作答正确率下降的趋势更为明显。然而，把这种现象的出现归结于动机的缺乏或者是心理和生理的疲劳并不恰当，只为方便起见，我们称之为"疲劳效应"。对于所提供的样题来说，在位置 1 和位置 4 间的作答正确率的差异处于 5%～15%。这

5 道题目并不是随着作答正确率下降而被特殊地选定的，其为 OECD 数据库上的前 5 道试题。如果其提供了表示整体评价疲劳效应的一个指标范围，那么此影响相当巨大。

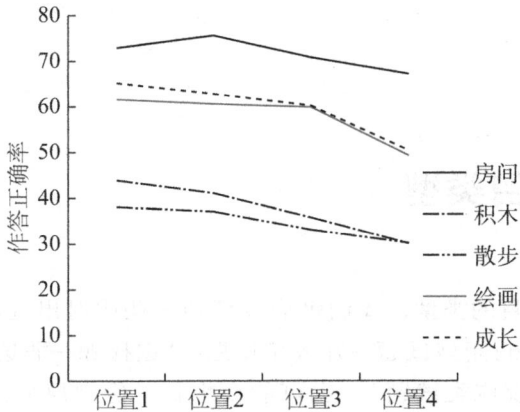

图 3-4　在一个测验 4 个位置上的 5 道题目的正确

第四章 题目类型及命题一般原则

第一节 题目类型

关于测验题目的类型，我们可能会想到一些成对出现的词语，如"客观题—主观题""封闭型试题—开放型试题""选择题—非选择题""选择反应类试题—建构反应类试题"；也可能会想到一份常规的试卷中出现的题目类型，如"选择题""匹配题""连线题""填空题""简答题"等。除此之外，如果深入不同学科内部，结合学科内容，那么我们会看到更多不同种类的试题，如数学学科的"计算题""证明题"，物理、化学学科的"实验题"，语文、英语学科的"阅读题""写作题"等。

这些题目类型有些是常见的，有些是不常见的。人们是从什么角度对它们进行分类的？其名称包含的具体含义是什么？以下择要进行说明。

一、客观题与主观题

这似乎是最常用的，也是教师和教育评价研究人员最熟悉的一种题目分类方式。关于这类题目，并没有严格公认的精准定义，但大多阐述的角度相似。在此，我们从《教育大辞典》中给出的定义出发进行分析。《教育大辞典》对客观题和主观题的定义及其特点的简要说明如下。

客观题："以具有明确评分标准为特征的题目类型。包括多重选择题、正误题以及填充题等多种形式。现代的标准化考试主要采用客观题，它使考试具有信度高、信息量大、适合于机器阅卷和节省时间、精力等特点。但客观题的标准答案固定，限制了考生的独立发挥，不能测量考生的表达能力和创造性水平，因此在某些考试中仍然需要有一定的主观题相配合。"①

主观题："测试题目的一种类型，特点是没有确定的答案和评分标准，如作文题和论述题。主观题的得分受评分者的影响很大，不甚可靠。但它能够测量用客观题难以测量的方面，如被试的知识面，表达能力和创造性等。在标准化考试中，一般采用少量的主观题，作为客观题的补充。"②

从上述定义可以看出，客观题和主观题在定义上均从两个重要的角度出发：其一是答案的唯一性，也就是学生的角度；其二是评分者的一致性，也就是作为评分者的教师的角度。

对于客观题，典型的题型包括选择题（单选题或多选题）、配对题、连线题及填空题，其中填空题主要是有唯一正确答案，且答案内容相对较少的题目，尤其是在数学、物理等科目中较为常见。无论是选择题、配对题还是连线题，都是从题目给出的固定答案中选择符合要求的选项，阅卷过程中也不会出现两位或多位评分者对于相同的答案给分不一致的情况；即使是填空题，也因为答案是唯一的，使得评分者之间具有较高的一致性。因此客观题在作答和评分两个角度明确了其客观性。

对于主观题，可以按照主观性程度的不同分为多种题目类型。以下几个示例分别对典型的题目类型进行了说明。请思考，以下三道题目是不是主观题，主观性是如何体现的。

题目1：读短文，完成任务（英语学科）

短文：Summer vacation is coming. My friend Kelly is going to the South(南方) with her family. First, they are going to Shenzhen by plane. They are going to see her grandparents there. And they will stay there for a week. Then, they are going to Guangzhou by train. They will stay there for five days and visit some friends. After that, they will fly back to Beijing. Now, they have everything ready for the trip-tickets, clothes and some food. I hope they will have a good time.

任务：写一写你的暑假计划。（30 词左右）

---

① 顾明远：《教育大辞典》第 7 卷，192 页，上海，上海教育出版社，1990。
② 顾明远：《教育大辞典》第 7 卷，192 页，上海，上海教育出版社，1990。

题目 2：计算几何图形面积（数学学科）

图形：（单位：厘米）

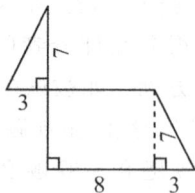

问题：求这个图形的面积，并写出计算过程。

题目 3：填空（语文学科）

请写出一个表示人在认真做事的词语＿＿＿＿＿＿＿＿＿＿

首先，题目 1 毫无争议是主观题。从学生作答的角度看，学生依据题目要求写自己的暑假计划，无论从内容还是表现方式上，都将呈现出不同的答案，即使是有些学生写了相近的内容，其用词、句式、叙事顺序等都极有可能存在差异。有类似题目阅卷经验的教师应该有体会，几乎不可能看到两篇完全一样的作文。因此我们说题目 1 从学生作答的角度看是主观性很强的题目。从教师评阅的角度看，有过短文写作评阅经验的教师一定有这样的经历：面对一篇短文，不确定给多少分合适；和同事讨论，有时还会意见相左。这样的经历说明，在评分环节，面对相同的答案，评分者也存在较大的主观性，只是题目作答的开放性程度、评分标准限定程度不同，评分者的主观性差异程度有所不同。

其次，仍从学生作答和教学评阅两个角度分析题目 2。从学生作答角度来看，就这道计算图形面积的题目而言，显然存在一个唯一正确的答案：77 平方厘米。因此从结论的唯一准确性上看，这道题目似乎是"客观题"。但是题目给出的图形可以有多种计算面积的方法，学生可以根据自己对图形的理解，按照各种不同的方法进行面积计算，因此展示出了不同的计算过程，这些差异即是题目 2 的主观性体现。这一题目代表了数学及物理、化学等理科类学科的典型题目，因此有些教师惯常认为理科没有主观题是不准确的。从评阅角度看，就这道题目而言，教师在评阅过程中出现争议的可能性较小，其主观性主要体现在作答过程上。

虽然题目 3 是一道填空题，答案限于词语，通常不会超过 4 个字，但是，由于符合题目要求的词语数量很多，因此，这道简短的填空题可以有多个合适的答案，从学生作答角度看是一道答案不唯一的题目。从评阅角度看，教师可能对于大部分词语有共同的判断。这道题目并非难以掌握标准的题目，因此评分者的主观性并不大。

二、封闭型试题与开放型试题

封闭型试题与开放型试题较多出现在理科类学科中，如化学等。这是一种从题目答案形式的角度给出的分类，且在这种分类下，通常讨论的是开放题。结合开放题的多种定义，我们可以看出所谓"开放"，大体以答案的不唯一性、作答过程的多样性两个角度为重要的定义角度。封闭型试题指的是答案固定的题目。由此可以看出，这一定义和上述客观题与主观题在学生作答角度的定义具有很高的相似性。

三、选择反应试题与建构反应试题

客观题与主观题在我国的测验领域是常用的，但是在与其他题型进行对应时，不同题型会出现一定程度的交叉，典型的即如果不看具体题目，很难判断一道所谓"填空题"究竟是主观题还是客观题。国际上，一种常用的题型界定方式避免了此类问题，这就是选择反应试题与建构反应试题。

对照上述题型可以看到，如"填空题""简答题""连线题"等题型是针对题目要求的作答方式而言来定义的，但这种方式并不涉及学生的认知过程水平。"封闭型试题""开放型试题"是针对题目本身的形式而言来定义的。而"选择"与"建构"在一定程度上表示了与思维过程对应的思维动作。"选择"指的是从给定的内容中挑选适合题意的内容，"建构"需要思维加工来产生答案。图4-1呈现了在选择—建构这一认知过程量尺上不同题目的位置，有助于我们理解多种题型名称之间的关系。为此，本书的后续两章专门对选择反应试题和建构反应试题进行说明。

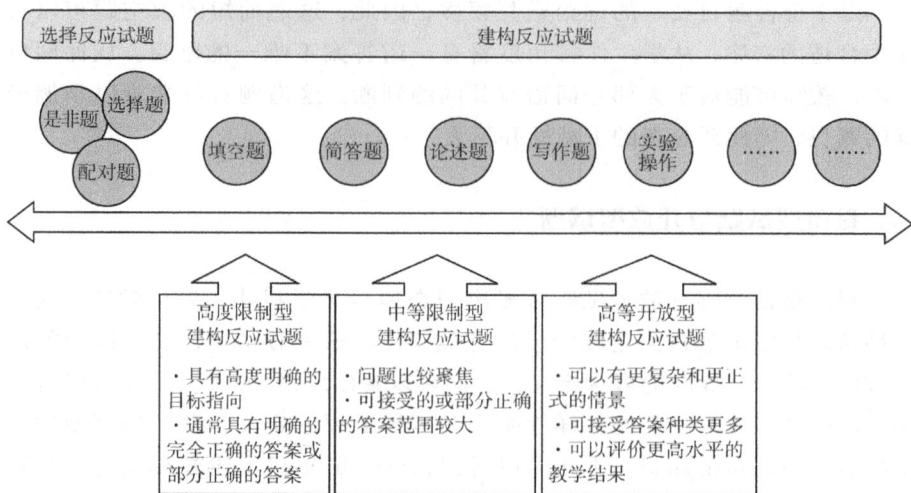

图 4-1 选择反应试题与建构反应试题分类图

第二节 命题一般原则

命题是测验环节中核心的部分。校内评价和大规模学业水平测验实施的全流程都包括编制试题这部分。一般而言，编制试题需要遵循以下原则。

第一，依据国家课程标准，满足难度要求，严禁出现科学性错误，如明显的知识类错误，学界有争论的题目，要规避争论点。

第二，依据测验蓝图编制足够多的试题，保证题目内容的代表性。例如，蓝图中的每个测试点要代表多道符合特征要求的试题；要保证良好的内容与结构效度；有相当于正常题量 2～3 倍的试题，便于后期甄别补充。

第三，文字描述要适合相应年龄、年级阶段学生的阅读水平，题目情景须与学生的认知水平、真实生活经历相适应；避免出现学生不认识的字词与不熟悉、不理解的句子；避免出现生僻的地名、人名等；避免从成年人视角人为编造虚假试题背景和场景。年级越低，此项原则越重要。例如，下面的例题考查语言积累，考查中级能力层次，但"驽马十驾"对于三年级学生来说太难了，超越了学生的认知范围，建议进行更换。

【小学语文】"驽马十驾，功在不舍"这句话主要体现了什么精神？
（　　）

A. 坚持不放弃　　　　　　　B. 悲观失望

C. 垂头丧气　　　　　　　　D. 勇往直前

第四，文字描述要简明、直接、清晰。例如，下面的小学数学题考查数与代数，考查较低能力层次，但背景阅读信息量太大，语言不够简练。

【小学数学】小明的姑姑和姑父到小明家做客，他们因为工作忙已经好几个月没有来了。小明的妈妈想要烤苹果派来招待他们，可是发现家里没有苹果了，她就叫小明去超市买一些苹果回来。做苹果派需要8个苹果，假如买2个苹果需要4元钱，小明至少要带多少元去？（　　　）

A. 10　　　　　　B. 12　　　　　　C. 16　　　　　　D. 20

第五，杜绝对教科书内容逐字逐句陈述，避免呈现与题目无密切关系的背景材料。

第六，背景材料信息必须符合实际情况，图表、数字等材料均应有权威可靠的来源，不可杜撰。例如，下面的小学数学题考查综合运用百分数的相关知识来解决生活中实际问题的能力，考查中级能力层次，采用了银行利率的背景材料。

【小学数学】王婧将10000元钱存入银行，根据下面的定期储蓄存款单，到期时她获得利息_____元。

定期储蓄存款单						NO：XXXXXXXXXX	
客户号：191834×××						XXX XXXXXXXXX	
存入日期	起息日期	通存通兑	存期	利率	印/密	到期日期	柜员流水号
2012/12/01	2012/12/01	通兑	三年	4.25%	凭密	2015/12/01	XXXXXXXXX

户名：×× 　　账号：1010020104500357×××

存入金额：人民币（大写）壹万元整

（小写）￥10000

第七，确保题目内容之间相互独立，杜绝某道题目的信息为测验中其他题目的作答提供线索，后题作答情况取决于前题的对与错。

第八，避免与性别有关而使学生不能准确理解的题目。避免由于刻板印象为常规角色和观点指定性别来源或者暗示对某性别的轻视，保证试题内容的描述不存在性别差异。例如，下面的小学品德与社会题中，男同学"小明""小刚"的办法欠妥，女同学"小红"处理得很得当。但如果全卷中都是男生品行较差，女生品行很好，那么就会出现性别偏见，是非常不合适的，需要避免。

【小学品德与社会】五（2）班针对"给同学起外号"的话题展开讨论，下面的说法你赞同的是（   ）

A. 小明：谁要是给别人起外号，大家就都给他起一个。

B. 小刚：我们应该一起孤立起外号的同学。

C. 小红：可以想办法帮助他，让他认识到起外号是不对的。

第九，特别注意与国籍、文化、民族和地理位置相关的题目，避免因文化差异而造成受测者的不悦感受。例如，下面的历史题出现了猪的形象，需要考虑是否会给回族考生带来不适感。

【中学历史】右图是 20 世纪 50 年代的一副宣传画，反映了当时_____。

A. 农业生产的真实情况

B. 三大改造的重大成就

C. 农业科技的巨大进步

D. 不切实际的浮夸行动

第十，尽可能地考虑到学生多样化的成长环境、家庭背景、信仰及其他方面可能会对题目内容产生影响的因素，并给予额外的关注。例如，开放厨房、地铁、共享单车、VR 元宇宙等这些在大城市比较常见的，对于偏远欠发达地区的考生而言可能有些陌生。这一原则在大规模命题，尤其是高风险命题中，是要重点考虑和关注的。

第十一，确保题目答案科学、明确，且必须得到广泛认同，避免存在争议性。例如，下面的生物题没有标准答案，会引起较大争议。

【中学生物】我国现在最严重的健康问题为（   ）。

A. 癌症   B. 心理疾病   C. 心脏病   D. 流行性感冒

第十二，尽量创设与实际生活一致的真实情境，避免采用人为设置的表面化的情境。例如，下面某地区会考试题充分采用与实际生活一致的真实情境，对学生来说具有一定的吸引力，能更好地引起学生的作答兴趣。

【中学数学】2014 年 12 月 28 日开始，北京市公共电汽车和地铁按照里程分段计价。

乘坐地铁（不包括机场线）具体方案如下：6 公里（含）内 3 元；6 公里至 12 公里（含）4 元；12 公里至 22 公里（含）5 元；22 公里至 32 公里（含）6 元；32 公里以上部分，每增加 1 元可乘坐 20 公里。使用市政交通一卡通刷卡，每个自然月内每张卡支出累计满 100 元以后的乘次，价格给予 8 折优惠；满 150 元以后的乘次，价格给予 5 折优惠；支出累计达到 400 元以后的乘次，不再享受打折优惠。

　　小李家离公司 15.9 公里，他每天上下班共乘坐两次地铁，每月按上班 22 天计算。如果小李每次乘坐地铁都使用市政交通一卡通，那么小李每月第 21 次乘坐地铁时，他刷卡支出的费用是＿＿＿＿＿元，他每月上下班乘坐地铁的总费用是＿＿＿＿＿元。

第五章　选择反应试题

第一节　选择反应试题的概念及类型特点

选择反应试题是考生从几个给定反应中做出选择的题型，具有信度高、信息量大、适合机器阅卷、节省时间和精力等特点，但固定的反应答案限制了考生独立性的发挥，难以测量考生的表达能力和创造性水平。[①]选择反应试题可分为选择题（multiple-choice）、判断题（true-false）、匹配题（matching）等多种题型。

选择题包括题干（item stem）与选项（options）两部分。题干要清楚陈述问题背景、答题条件以及所问问题，分为直接问句或不完全叙述。选项包括正确选项和干扰选项。选择题可分为单项选择题、多项选择题、重组型选择题。

单项选择题：

9 的倍数中最小的是（　　　）。

A. 1　　　　　　　　B. 3　　　　　　　　C. 9　　　　　　　　D. 18

多项选择题：

跌倒受伤时，下列哪些是适当的处理方式？（　　　）

A. 以生理盐水洗伤口　　　　　　　B. 以碘酒擦拭伤口

C. 以自来水清洗伤口　　　　　　　D. 以唾液擦拭伤口

重组型选择题：

我国东海海底存在古地质时期的三角洲遗迹，这说明（　　　）。

①陆地相对上升　　　　　　　　　②海平面相对上升

---

① 顾明远：《教育大辞典》第 7 卷，192 页，上海，上海教育出版社，1990。

③陆地变成海洋　　　　　　④海洋变成陆地

A. ①③　　　　　B. ①④　　　　　C. ②③　　　　　D. ②④

重组型选择题介于单项选择题与多项选择题之间，是近几年高考试题中常见的题型。它由于既考查了学生对知识的认识程度、综合能力，又适当降低了难度，因此非常适合综合能力测试的知识要求和难度要求。这种题型在题干下提供四个或四个以上的观点，再将这些观点进行四种不同形式的组合作为四个选项，具有选项多、考查知识容量大、信息范围广的特点，能多角度、多层次地考查学生对基础知识的理解和运用能力，体现了以能力立意的命题指导思想。

判断题是让学生阅读陈述句，并判断此陈述句是否正确的一种题型，可分为简单型、改错式、聚集式、因果关系式四种类型。

简单型：

（　　　）中国位于亚洲的东部。

改错式：

（　　　）黑龙江位于中国的东南部。

聚集式：

下列动物中，属于昆虫的请写 T，否则请写 F。

（　　　）蜘蛛　　（　　　）蚂蚁　　（　　　）蜜蜂　　（　　　）天牛

因果关系式：

（　　　）鲸鱼是哺乳动物，因为它们是最大的。

匹配题是将多项性质相同的概念集中在一起，以便通过更多的内容对学生进行评价的一种题型，包含问题项与反应项两部分。问题项通常列于左方，有 5～8 个性质相似的问题；反应项是问题的可能答案。匹配题有概念型和图表式两种类型。

概念型：

下面左侧列出的是细胞的结构，右侧列出的是相关结构的功能。请将右侧字母按照正确的对应关系填写在左侧括号中。

（　　　）细胞壁　　　　　A. 光合作用的场所

（　　　）细胞膜　　　　　B. 保护和支持作用

（　　　）细胞核　　　　　C. 储存水分和营养物质

　　　　　　　　　　　　　D. 储存遗传物质的场所

　　　　　　　　　　　　　E. 控制物质进出细胞

图表式：

看图听短文，根据短文内容将图中人物与姓名用直线连接。

Betty		Ted
Jack		Jill
George		Susan

第二节　选择反应试题编制的基本原则

选择反应试题包括多种类型，各种类型均具有相应的编制原则。其中，选择题编制原则的研究最多。结合国内外关于选择反应试题编制原则的研究经验，本书梳理的各类型试题编制原则如下。

一、选择题

（一）编制原则

选择题的编写原则主要从内容设计、题干和选项三个方面进行阐述。

1. 内容设计

（1）采用新颖的内容，尽量避免重复教材语言或教学语言，以免仅测查简单记忆。

【中学数学】马丁连续观察一只海豹 1 小时。观察开始时，海豹潜到海底开始睡觉，8 分钟后慢慢浮上海面呼吸，又过 3 分钟后再次潜到海底。海豹非常有规律地进行这个过程。经过 1 小时，海豹是（　　　　）。

A. 在海底　　　　　　　　B. 在上升

C. 在呼吸　　　　　　　　D. 在下潜

此题主要考查学生的推理能力，考查内容是变化和关系。题目以海豹睡眠时的呼吸为场景，引导学生关注自然，关注生物，提高学习兴趣，提升数学思维能力。总体来看，该题的情景设置新颖，通过观察海豹睡眠时的呼吸规律，巧妙地考查了学生对变化和关系的理解。

（2）每道题目应该按照测验蓝图考查单一明确的内容

【中学语文】三则材料中两个加点字的注音和在横线处依次填入的词语，全部正确的一项是（　　）。①

A. 阐说（chǎn）　濒临（pín）　①收集　②蕴含

B. 阐说（chǎn）　濒临（bīn）　①收集　②蕴藏

C. 阐说（shàn）　濒临（bīn）　①收敛　②蕴含

D. 阐说（shàn）　濒临（pín）　①收敛　②蕴藏

此题属于语文学科中的识字与写字题部分，考查的能力层级为理解，难度等级偏低。此题既考查语音，又考查语义，考查了两种能力，不利于科学有效地诊断学生的学习。

（3）内容设计应考虑减少受测者阅读题目所花的时间

【中学历史】"喜马拉雅山再高也有顶，雅鲁藏布江再长也有源。"西藏社会经济的发展，离不开西藏各地人民的共同奋斗，同时也离不开中央政府的关心和祖国各地的支援。

2005 年 10 月 15 日，在素有"生命禁区"之称的雪域高原上，建设者们攻克了"多年冻土、高寒缺氧、生命脆弱"的三大世界难题后，_____全线铺通，谱写了我国铁路建设史上的新篇章。

A. 兰新铁路　　　B. 青藏铁路　　　C. 京九铁路　　　D. 成昆铁路

此题属于历史学科中的中国近代史部分，考查的能力层级为识记，难度等级偏低。但是题目如果对于解题无用，那么可以删除；如果有助于学生解题，那是必要的。

（4）题目内容设计必须互相独立，不宜相互牵涉

【中学地理】1. 世界上大城市主要分布在（　　　）。

A. 中低纬的大陆内部

B. 中低纬的沿海地区

C. 低纬度的热带地区

D. 高纬度的寒带地区

2. 根据长江三角洲城市分布，可知百万人口以上的特大城市均位于（　　）。

A. 大江、大河沿岸或沿海

---

① 这里只是为了体现此题考查了两种能力，故未列出三则材料。

B. 平原地区

C. 矿产资源丰富的地区

D. 宗教中心

此题属于地理学科中的地图部分，考查的能力层级为理解，难度等级为中等，但是第 1 题和第 2 题存在互为线索的问题，第 1 题的"大城市"以及 B 选项中低纬的沿海地区与第 2 题的"百万人口以上特大城市"和 A 选项"大江、大河沿岸或沿海"互为线索。

2. 题干

（1）中心思想包含在题干中，而不是散落在选项中

【中学生物】下列叙述正确的是（　　）。

A. 抑制 DNA 的合成，细胞将停留在分裂期

B. 突变和基因重组决定生物进化的方向

C. 细胞分裂间期为细胞分裂期提供物质基础

D. 效应 T 细胞可以产生抗体

修改为：

【中学生物】下列关于细胞周期的叙述，正确的是（　　）。

A. 抑制 DNA 的合成，细胞将停留在分裂期

B. 细胞周期包括前期、中期、后期、末期

C. 细胞分裂间期为细胞分裂期提供物质基础

D. 成熟的生殖细胞产生后立即进入下一个细胞周期

此题属于生物学科中的生物体的结构层次部分，考查的能力层级为理解，难度等级为中等。但是原题的题干没有任何中心思想，导致考生只需要阅读选项即可作答。故题干修改为"下列关于细胞周期的叙述"，将"细胞周期"这个中心思想放在题干中。

（2）题干要有明确的评价目标，并清楚地表达题意与问题

【中学化学】有些地方对开放参观自然洞穴一直保持谨慎态度，经常限制参观人数，主要是避免何种气体？（　　）

A. 氧气　　　　B. 氮气　　　　C. 一氧化碳　　　D. 二氧化碳

修改为：

【中学化学】有些地方对开放参观自然洞穴一直保持谨慎态度，经常限制参观人数，主要是避免何种气体破坏洞穴气体平衡，影响景观维护？（　　）

A. 氧气　　　　B. 氮气　　　　C. 一氧化碳　　　D. 二氧化碳

此题属于化学学科中的气体部分，考查的能力层级为运用，难度等级为中等。但是原题表达不够清晰，修改后整体意思就非常明确了。

（3）题干应尽量用正向词；若使用反向词，应重点标注

【中学化学】钠作为一种重要原料，可用于制造许多在国防工业上有重要用途的物质。下列关于钠的说法不正确的是（　　）

A. 银白色固体　　　　　　　B. 密度比水的大

C. 能与水剧烈反应　　　　　D. 可保存在煤油中

此题属于化学学科中的化学元素部分，考查的能力层级为理解，难度等级为中等。题干中使用了反向词"不正确"，应尽量避免。有研究者对具有正向词和反向词的多项选择题测试进行了研究，结果表明，如果完成题目需要较低水平的认知推理，则对学生表现没有显著影响；如果完成题目需要较高水平的认知推理，则含有反向词的题目会对学生表现产生显著的负向影响。[1]

3. 选项

（1）避免线索——选项使用绝对词或笼统词，选项与题干之间有明显联系等

【教育测量】下列有关试题分析功能的叙述，正确的是（　　）。

A. 试题分析指标有时可以协助了解题目设计上的瑕疵

B. 试题分析指标可以找出所有的试题设计瑕疵

C. 若题目的鉴别度很低，表示该题目的设计一定有问题

D. 若题目的鉴别度很高，表示该题目的设计绝对没有问题

【中学历史】在范仲淹的革新方案中，哪一项主张对宋代的教育有重大的影响？（　　）

A. 恢复府兵制　　B. 大兴水利　　　C. 振兴学校　　　D. 淘汰冗官

【心理测量】下列哪一种测验属于智力测验？（　　）

A. 学习兴趣测验　　　　　　B. 韦氏智力测验

C. 明尼苏达测验　　　　　　D. 职业生涯测验

这三道题目都存在线索问题。这些线索包括明确的限定词。例如，第1道题 B 选项中的"所有"、C 选项中的"一定"，D 选项中的"绝对"存在明确的限定，导致学生很容易就做对该题目；第 2 道题 C 选项中的"学校"和题干中的"教育"存在明显的暗示；第 3 道题题干中的"智力"和 B

---

[1] Tamir P, "Positive and Negative Multiple Choice Items: How Different Are They?," in *Studies in Educational Evaluation*, 1993, 19(3), pp. 311-325.

选项中的"智力"用了相同的词，暗示非常明显。

（2）避免使用"以上都是"或"以上都不是"的选项

【中学地理】我国城市化进程不应过快，其主要原因是我国（　　）。

A. 人口的素质还不够高　　　　　　B. 科学技术水平还不够高

C. 城市建设的经验还不足　　　　　D. 以上都不是

此题属于地理学科中的区域与人口部分，考查的能力层级为运用，难度等级偏低。此题 D 选项为"以上都不是"。有研究者采用含有"以上都不是"选项的选择题来考查大学生。结果发现，如果正确答案被"以上都不是"选项替换，则该题目会变得更难，导致鉴别力下降。[①]因此作者建议避免在选择题中使用"以上都不是"。

（3）选项避免使用双重否定叙述，或与题干形成双重否定

【小学语文】从戴高乐的哪些表现不能看出：戎马一生中，他从没忘记母亲的教诲？（　　）

A. 作战中受到表扬，他并没有张狂。

B. 负伤被停，他并没有因此而消沉。

C. 身居高位，他仍然是淡然处之。

D. 被迫辞职，他始终坚持自己的信仰。

此题属于语文学科中的阅读部分，考查的能力层级为理解，难度等级为中等。但是题干中已经存在双重否定了，再加上 A 选项还有一个否定词，这就给学生带来了非常大的认知负荷，严重影响了对学生阅读能力的精准考查。

（4）选项尽量按照逻辑顺序或数字顺序来呈现

【中学历史】孙中山先生曾在一篇祭文中这样写道："中华开国五千年，神州轩辕自古传，创造指南车，平定蚩尤乱，世界文明，唯有我先。"他赞扬的是（　　）。

A. 大禹　　　　B. 成汤　　　　C. 黄帝　　　　D. 炎帝

【中学数学】如果一个 n 边形的每个外角都为 $36°$，那么 n 的值等于（　　）。

A. 9　　　　　B. 11　　　　　C. 12　　　　　D. 10

例子中的历史题属于历史学科中的中国古代史部分，考查的能力层级

---

① Frary R B, "The none-of-the-above option: An empirical study," in *Applied Measurement in Education*, 1991, (2), pp. 115-124.

为理解，难度等级为中等。数学题属于数学学科中的空间与图形部分，考查的能力层级为运用，难度等级偏低。两道题都存在不按顺序呈现的问题。有研究采用 32 道美国大学入学考试数学题目进行测验，其中 16 道题目的选项随机排列，16 道题目的选项按照数字逻辑顺序排列。结果表明，对于高能力水平的学生而言，两者无差异；但是对于低能力水平的学生而言，采用随机排列影响该群体学生的作答速度和准确性。[①]故选项尽量按照逻辑或者数字顺序呈现。

（5）保持选项在内容和语法结构上是同质的，以使选项具备迷惑性

【中学生物】下列哪种植物不是苔藓植物？（　　　　）。

A. 草履虫 　　　　 B. 墙藓 　　　　 C. 地线 　　　　 D. 葫芦藓

此题属于生物学科中的植物部分，考查的能力层级为识记，难度等级较低。此题目中 BCD 选项都是植物，A 选项"草履虫"是动物，与其他选项不同质，没有任何迷惑性，建议换成一种植物。

（6）选项之间避免范围互相重叠，或某一选项包含其他选项等

【中学化学】下列有关物质用途的说法，正确的是（　　　　）。

①臭氧可用于漂白和消毒

②碳酸氢钠可用于治疗胃酸过多

③二氧化硅可用于制作光导纤维

④苯酚的水溶液具有杀菌防腐性能

A. ①② 　　　　 B. ②③ 　　　　 C. ①②③ 　　　　 D. ①②③④

【小学英语】We have dinner _____.

A. at six 　　　　 B. at seven 　　　　 C. before eight

I watch TV with _____ after dinner.

A. my father 　　　　 B. my mother 　　　　 C. my father and mother

例子中的化学题属于化学学科中的化学物质部分，考查的能力层级为运用，难度等级较高。英语题属于英语学科中的阅读部分，考查的能力层级为识记，难度等级偏低。其中化学题 C、D 选项与前面的选项重叠，英语题的 C 选项与 A、B 选项重叠。

除此之外，还有一些原则需要注意。例如，编写尽可能多的有效选项，建议 3～4 个为宜；确保仅有一个选项是正确答案；根据选项数目变换

---

① Huntley R M, Welch C J, Numerical answer options: Logical or random order?, Paper resented at the annual of meeting of the American Educational Research Association, Atlanta, GA, 1993.

正确答案的位置；保持选项长度大体相当；使所有的干扰选项貌似合理。

（二）选项设计

1. 选项的含义

选项设计是选择题编制的重中之重，因此对于选项的含义的标定就显得非常关键。下面以美国学术能力评估测试（Scholastic Assessment Test，SAT）的试题为例，说明选项含义标定的作用。SAT 是由美国大学委员会（College Board）主办的，其成绩是世界各国高中生申请美国大学入学资格及奖学金的重要参考。它与美国大学入学考试（American College Test，ACT）都被称为美国高考。

2. 选项来源

关于选项的来源，可以从以下三个方面进行收集。第一是学生的错误作答，教师可以通过日常的课堂教学收集学生在一些问题上的典型错误，以此作为编制选项的素材。第二是进行开放试题答案的归类，即将拟命制的选择题开放化，让学生开放作答，收集学生的典型错误，将其用作选项设置。第三是口语报告法。口语报告法是由德国心理学家邓克尔（Duncker）通过内省法发展而来，又称出声思考，是指研究者在进行实验时，要求被试报告头脑中的思考过程，或在实验后要求被试追述思维过程的一种研究方法。口语报告法使被试内部的认知过程经口语而外显化，研究者通过分析报告，就能探索个体认知加工的内部过程。口语报告分析便于记录学生作答题目时的思维加工过程，为后期正式命题提供研究素材。

3. 选项的思维层级

选择反应试题也存在评分问题，其评分以选项为基础，基于选项可以设计编码评分，此处使用 SOLO 分类理论对思维类型进行划定。下面以语文阅读选择题的编制为例讲解 SOLO 分类选项设计。

在 903 本书里睡过觉的蚂蚁

李维明

蚂蚁阿布意外地发现了一个书房。在书房里巡视了一圈后，阿布做出了一个重大决定：我就在书房里定居了，而且每天要在一本书里睡觉。

阿布请红头苍蝇给自己拍摄一张学习照。照片里的蚂蚁阿布穿着笔挺的西装，打了红色领带，穿着黑亮的新皮鞋。他皱着眉头，很严肃地看一本大厚书。阿布对这张照片非常满意，他印了好几百张，并把这些照片散发给朋友、亲戚。一传十，十传百，大家都轻易相信阿布是个大学问家了。

两年多过去了。

蚁国大学想招聘一名知识渊博的教授。很多人向校长推荐了蚂蚁阿布。阿布很高兴。

到蚁国大学了，校长很客气地请他坐下。阿布说："校长，请您快点安排吧。俺很忙，俺每天都要做学问的。"校长递给阿布一张试卷，说："耽误您宝贵的时间啦，请您做一下吧。尽管我听说过您的学问情况了，但按照大学的规定，您还是要通过考试才能当教授。"

阿布愣住了。

校长问："您不认识字？不是开玩笑？"

阿布点了点头。

他又有些不甘心，强调说："可是俺已在 903 本书里睡过觉了。今天晚上，俺就要在第 904 本书里睡觉了。"

校长笑了，说："书再多，你没有读，那也是没有用的……"

在编制选择题之前，需要首先明确四个问题。第一，为什么用选择题。三年级学生表达不太清楚，测试要聚焦学生的理解能力，而不是表达能力。第二，为什么用 SOLO 分类。想考查学生不同思维水平，但传统的选择题又比较困难，所以借鉴 SOLO 分类理论。第三，为什么用口语报告。不能臆断三年级学生的思维层级，要借助学生自己的报告，找准学生的思维层级情况。第四，为什么需要基于口语报告再修改。对学生思维层级理解不深刻，还需要进一步分析。

最初它是一道主观题——这个故事讲的道理是什么？后来根据口语报告的结果改成了选择题。题干保持不变，选项主要来自学生的口语报告，如下：

问：你觉得这个故事想告诉我们什么？

学生 1：阿布太做作了，一到关键的时候就不知所措。

学生 2：不能骄傲，应该谦虚。

学生 3：我觉得对很多人都说的话不能随便相信，眼见为实。

问：看完这个故事后你收获到了什么？

学生 4：人不能老逞能，应该用自己的实际来表现自己。

学生 5：我觉得就是做人不能那么虚假，欺骗别人，也欺骗自己，希望别人请你做教授，还要靠自己的真本事。

学生1：书再多不读也没用，要多读书才能长学问。

学生6：我觉得不能摆那么虚假的样子，到最后还是要露馅儿的，要有真本事才行。

学生4：主要就是每个人不要太逞能，自己不会就是不会，要诚实。

初步命制的选项如下：

这个故事讲的道理是（　　　）。

A. 不应骄傲，要谦虚。（前结构）

B. 不要只追求表面的东西，要有真才实学。（关联）

C. 自己不会就是不会，要诚实。（多元）

D. 书再多，没有读，也不是学问家。（单一）

区分度	难度	各选项选择人数所占比例				各选项与总分的点二列相关			
		A	B	C	D	A	B	C	D
0.28	0.67	7.80	25.35	10.03	55.99	−0.33	0.27	−0.20	0.07

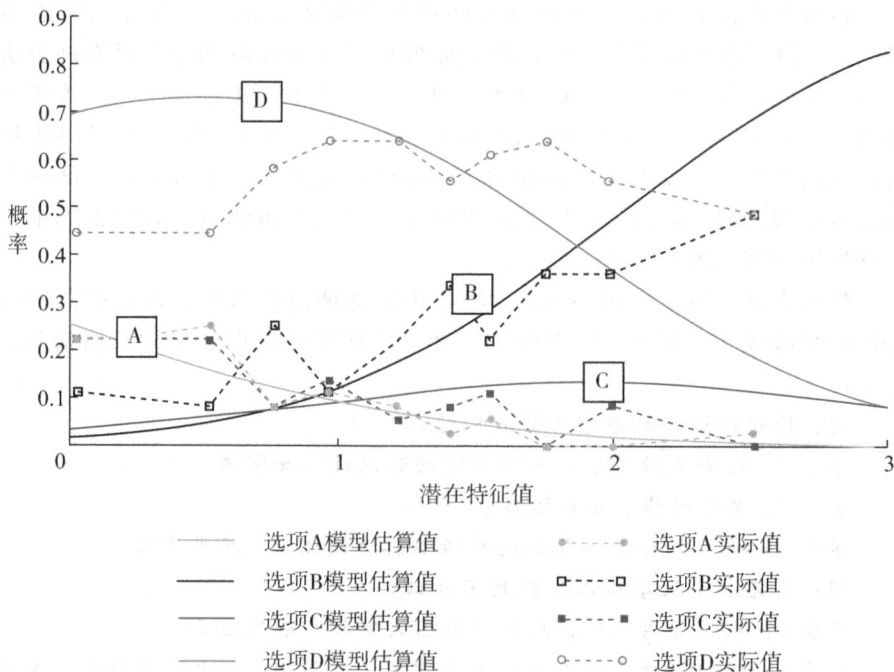

　　通过以上数据可以发现，选项与模型的拟合程度不好，再重新分析学生口语报告可以看出，除"学生2"外，其他学生的理解都没有偏离文本的主旨。因此，我们把"学生2"的理解作为"前结构水平"的选项。"学生3"的回答只抓住了非关键性细节，以偏概全，没有真正把握文章的主旨，比"学生4"的回答更"单一"，因此被作为"单一水平"的典型选项。"学生1"的回答最初有点偏，但后来的发言中谈到了文中校长对阿布说的"书再多不读也没用"，而后又进行了推论，表明了自己的理解，即"要多读书才能长学问"。"学生1"能够在信息间建立一定的联系，处于"多元水平"。"学生5"和"学生6"的回答抓住了问题的实质，认为"不能只追求虚假的样子（徒有虚表），要有真才实学"，对文中的信息进行了综合加工，形成了准确、充分的理解，处于"关联水平"。

修改为：

这个故事讲的道理是（　　　　）。

A. 不应骄傲，要谦虚。（前结构）

B. 不要只追求表面的东西，要有真才实学。（关联）

C. 只有认真读书，才能有学问。（多元）

D. 对一传十十传百的事情，不要轻易相信。（单一）

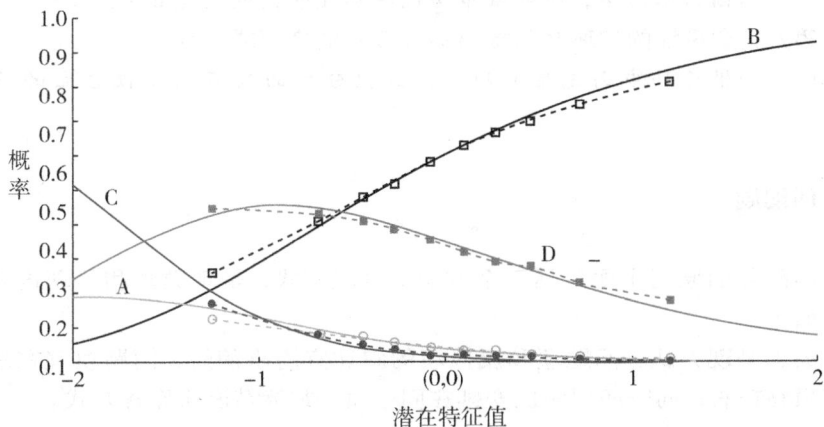

修改后进行数据分析发现，各选项与学生能力模型拟合较好，最终确定了此选择题，且设计 A 选项 0 分，B 选项 3 分，C 选项 2 分，D 选项 1 分。

二、判断题

判断题的原则与选择题的原则有相似的地方，也有独特的方面，主要有以下几点。

第一，文字应简洁，避免出现与答题无关的叙述。

（   ）溶液的 pH 很难精确测量，不过可以用石蕊试纸大体测量。例如，将石蕊试纸放入溶液，若呈现红色，表示该溶液为酸性。

第二，题目只包含一种概念，避免同时评量两种以上的概念。

（   ）中国最大的湖泊是洞庭湖，它位于江苏省，属于长江流域。

第三，对和错的题目应尽量保持相同的叙述长度。

第四，对和错的题目数量应该尽可能相等，并且以随机方式排列。

第五，在辨认叙述句的因果关系时，对于结果的叙述必须是对的，而对于原因的叙述可对可错。

（   ）因为水污染，所以城市居民易患气管炎或支气管炎。

第六，意见性的叙述必须指出参考资料的来源或依据。

（   ）根据孙中山先生的观点，五权分立的政府比三权分立的政府要好。

三、匹配题

匹配题的原则主要包括三个方面：呈现方式、呈现数量和呈现内容。具体如下。

关于呈现方式：问题项和反应项的叙述宜力求简短，问题项宜在左，反应项宜在右；同一匹配题应安排在同一页，并清楚说明作答方式。

关于呈现数量：问题项与反应项的数量最好不要相等，且反应项可重复选取；配对数量总和不宜超过 10 项，要仔细核对有无线索出现。

关于呈现内容：反应项宜采用规律性方式排列（如逻辑、时间、数字顺序等），问题项或反应项的性质应该相同。

左边为成就，右边为获得该项成就的人物名称，请匹配两者。注意，右边的选项可以使用一次、多次或者不用。

（　　）1. 发明火车　　　　A. 贝尔

（　　）2. 发明电话　　　　B. 斯蒂芬孙

（　　）3. 发现美洲　　　　C. 华盛顿

　　　　　　　　　　　　　D. 哥伦布

修改为：

（　　）1. 发明火车　　　　A. 贝尔

（　　）2. 发明电话　　　　B. 斯蒂芬孙

（　　）3. 发明蒸汽机　　　C. 富士敦

（　　）4. 发明轮船　　　　D. 爱迪生

　　　　　　　　　　　　　E. 瓦特

第三节　选择反应试题的题组设计

　　如何利用选择题组合考查高级能力？纵观国际大规模学业水平测验项目，大多以选择题为主，采用题组设计的方式进行。例如，PISA、TIMSS等国际测验项目，均依据测验框架，从理念、内容和设计上对选择题进行命制。纵观国际测验的命题思想理念，主要以核心素养为导向，体现对公民素质、21世纪技能的测查；以情境应用为载体，尤其是 PISA 测验更是将情境作为框架建设的重要维度之一，包括个人、社会、全球等各个层面的情境，注重真实情境的嵌入，真正站在学生的角度考虑试题的命制，同时以注重能力为根本，依据布卢姆认知目标分类学、SOLO 分类理论和相应的认知心理学理论，研发测查学生不同能力水平的试题。

　　下面以澳大利亚国家评估项目（National Assessment Program，NAP）科学测验的选择题题组设计为例，说明国际测验中题组设计的思路和理念。

　　照片显示了一个男孩和他的影子。

1. 影子是什么时候形成的？（　　　　）

A. 灯关了　　　　　　　　B. 光反射到物体上

C. 光线穿过物体　　　　　D. 光的线路被物体挡住

2. 凯勒在两个完全一致的灯泡前面放了一本书，下图显示了当灯泡 A 亮的时候，书的影子。

请问下面哪幅图显示了两个灯泡都打开时的情景？（　　　）

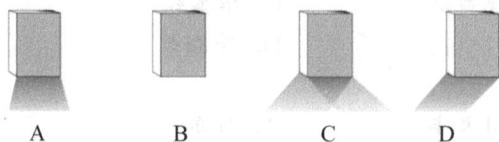

A　　　　　　B　　　　　　C　　　　　　D

凯勒和泰雅想探究一天之中影子的长度是如何变化的。他们在一天的不同时刻测一个旗杆的影子长度。

3. 你认为旗杆的影子长度在大约什么时间最短？（　　　）

A. 上午 9 点

B. 中午 12 点

C. 下午 3 点

D. 下午 5 点

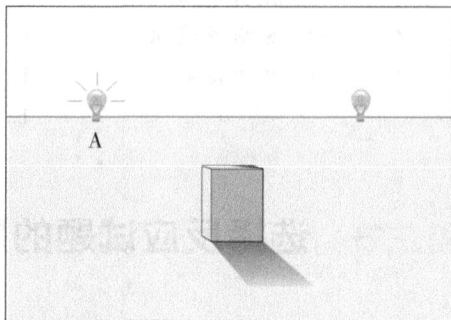

4. 为什么旗杆影子的长度在一天之内会改变？

通过阅读该题组设计，我们可以看出国际测验选择题的命制基本都是基于一个真实生活场景逐渐展开的。以此题为例，首先，通过影子这个生活现象，让学生对这个生活现象做出科学解释；然后，将情境升级，设置一个模拟情境，让学生基于科学原理推测可能产生的结果；最后，引申到科学实验的思路，让学生体验这种动态的科学现象，并做出正确判断。此外，该题目还结合一道主观题，让学生对动态科学现象做出合理解释。这道题目通过 3 道选择题和 1 道主观题，将学生对一个科学问题从简单理解到逐步应用再到归纳解释的能力进行层层递进的考查，体现了国际测验中以核心素养为导向、以真实情境为载体、以注重能力为根本的理念，给我们带来了一定的启示。

综上所述，选择反应试题答案都很简短，学生能在较短的时间内回答较多的问题，使一份试卷有较广的知识和能力的覆盖面。选择反应试题评分简单、准确且迅速，适合于测量知识、理解、应用、分析几个较低层次的认知目标，能有效测量事实性知识。选择反应试题能较好地控制学生的反映，更直接准确地测量出目标学习成果。然而，选择反应试题编制耗时长且难度大，不易测量高层次目标，会助长猜测行为，无法反映学生解决问题的思维过程。

就选择反应试题未来的发展来看，首先还是要以学生为主，采用口语报告方法来记录学生思维，将学生典型错误作答作为编写选择反应试题的素材；其次在内容设计上，关注 SOLO 分类在选择反应试题编制中的应用，采用题组设计考查学生的高级思维加工能力；最后在计算机化上，基于选择反应试题的题库建设、计算机自适应测验、认知诊断测验等体现了计算机化的必要性，同时选择反应试题的信息化呈现（如 PISA2015）代表着新题型的发展。此外，以旧建新题型、由情景求图像题型、智力游戏题型、看图写话题型、理解默写题型等新题型的命制有更高的要求，考试目标的依据由宏观描述转向微观界定促进了选择反应试题题型的变化。

附录

选择题的 31 条编制原则

1. 每道题目应该反映明确和单一的内容，并按照测验双向细目表和蓝图制定。

2. 每道题目设置要基于重要的学习内容，避免无关琐碎的内容。

3. 采用新颖材料测查较高学习水平，避免仅测查简单记忆。

4. 题目之间保持内容独立。

5. 避免考查过于明确和常规的内容。例如，我国首都是哪儿？

6. 避免仅基于选项作答的题目。

7. 避免欺骗性挖坑的题目。

8. 使用简单词语，确保各组学生不会因为阅读障碍而影响作答。

9. 采用传统选择题的问题、空白和最佳答案格式，避免混合各种选择题格式。

10. 题目选项采用垂直排列格式，而不是水平排列格式。

11. 编辑和验证修改题目。

12. 采用正确语法、标点符号和书写。

13. 减少每道题目的阅读量。

14. 确保题干的说明非常清楚。

15. 将中心思想放置于题干中，而非选项中。

16. 避免过多废话。
17. 题干使用正向词，避免反向词，如"不"。
18. 编写尽可能多的有效选项，研究建议 3～4 个为宜。
19. 确保仅有一个选项是正确答案。
20. 据选项数目变换正确答案的位置。
21. 采用逻辑或数字顺序排列选项。
22. 保持选项之间无重叠。
23. 保持选项在内容上是同质的。
24. 保持选项长度大体相当。
25. 谨慎使用"以上都不是"。
26. 避免使用"以上都是"。
27. 采用正向选项，避免反向选项。
28. 避免暗示正确答案的线索。
29. 使所有的干扰选项貌似合理。
30. 用学生的典型错误编写干扰选项。
31. 如果与教师和学习环境契合，可使用幽默方式编写。

第六章 建构反应试题

第一节 建构反应试题的概念及类型特点

　　建构反应试题是相对于选择反应试题而言的一类题型，题目中没有给出可通过选择作答的内容，需要学生通过理解题目要求，自主产生和组织内容，形成符合题目要求的答案。

　　就类型而言，哈拉迪（Haladyna）等人将建构反应试题依据其评分方式进一步分为两种形式：客观计分型建构反应试题（Objective Scoring）和主观计分型建构反应试题（Subjective Scoring）。[①]

　　客观计分型建构反应试题通常是形式简单的题目，评分者对答案的评判也仅限于做出对和错的判断。经常用到的填空题大多属于客观计分型建构反应试题。

题目示例

语文阅读题

本文的表达顺序是＿＿＿＿＿＿＿＿＿。

题目示例

数学计算题

亮亮用"○"摆图形。

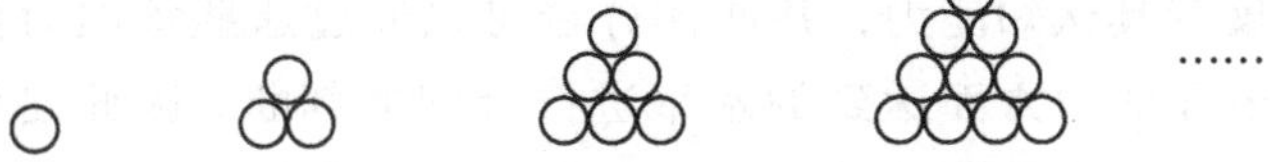

图1　　　图2　　　　图3　　　　　图4　　　……

照这样的规律摆下去，图 6 中有（　　　）个"○"。

---

　　① Haladyna T M, Rodriguez M C, *Developing and validating test items*, Routledge, 2013, pp. 46-47.

主观计分型建构反应试题通常题目更为复杂，所考查的认知能力层级也相对较高，计分具有一定的主观性且相对复杂。以下科学试题的问题 2 就属于此类试题。除此之外，历史学科的论述题、语文学科的写作题也都属于典型的主观计分型建构反应试题。

题目示例

科学简答题

一个学生在两个相同的杯子中倒入了体积相同的水。他把其中一个杯子放在冰箱里，另一个杯子放在一个温暖的房间里。这两个杯子放好后都没有再被人动过。以下示意图显示了两天以后杯子里剩余的水量。

问题 1：哪个杯子是放在冰箱里的？请选择一个选项。

A. 杯子 A　　　　　　B. 杯子 B

问题 2：请对你的选择做出解释。

_____

_____

_____

第二节　建构反应试题编制的基本原则

根据建构反应试题的概念可知，绝大部分建构反应试题旨在给作答者充分的空间展示其认知能力，并使评分者可以通过这些答案对作答者在所要考查的内容和能力方面达到的水平进行合理的判断。因此建构反应试题所对应的能力必然是较高的认知能力。在这一基本前提下，在命制建构反应试题的过程中，注意一些基本原则和方法，有助于保证题目的质量。以下从两个角度进行分析：其一主要针对这一前提，进行更深入的分析，其中包括对布卢姆教育目标分类学在建构反应试题命制中的具体应用的说明；其二主要涉及建构反应试题的表达适当性。

一、明确建构反应试题用于考查高水平思维能力的功能定位，结合查考目标选择适当题型

需要强调的是，建构反应试题一定要体现对于高水平思维能力的考查，即如果一道建构反应试题仅仅是为了考查对知识的记忆或提取，那么命题者应考虑是否可以将这道题改成选择反应试题。通常来看，这一点比较容易理解，也相对容易落实。但从另一角度思考，虽然随着命题技术的发展，选择题也可以通过对选项的优化在一定程度上涉及较高水平思维能力的考查，但仍有其局限性，在一些具体案例中需要经过反复推敲。以下通过一道数学题目进行说明。

题目示例

希望小学计划组织全校同学到剧场观看新年演出，有以下 A、B、C、D 四个拥有不同座位数量的剧场可以提供场地。根据表格中各年级的人数，你认为该选择（　　　）剧场比较合适。

学校	一	二	三	四	五	六	草稿区
甲校	227	258	214	272	263	209	
乙校	248	225	266	217	282	246	
丙校	227	246	271	240	229	283	

（最终版）

A. 3600　　B. 3690　　C. 5300　　D. 5400

这道题目考查的是五年级学生的估算能力。在数学中，估算是较高的思维能力。命题者为了能够通过选择题的形式进行考查，几易其稿后最终增加了"草稿区"，以确保通过草稿区反映的学生的思考过程判断学生是否用了"真估算"的方法来解决问题。此时应用学生作答的主观性这个角度审视该题目，这道题目已经修改成了一道建构反应试题，或者说一道选择题与建构反应试题相结合的题目。

可见，一方面，建构反应试题一定要用于考查高级思维能力；另一方面，有些高级思维能力只能通过建构反应试题的形式才有可能准确地考查

出来。这是选择题型时命题者应特别注意的问题。

二、注意题目语言表达准确，避免引起歧义或无法准确聚焦考查目标

（一）确保语义正确，不出现歧义

命题所用语言应避免语义歧义，这对建构反应试题尤为重要。不同于对作答范围已有限定的选择反应试题，此题型的语义歧义可能导致作答无效或不能体现拟考查能力。以下举例说明。

题目示例

中国的煤都是_____。

题目是一道地理学科的测试题，命题者显然希望学生在空格处填写一个城市或地区的名称，但是由于"都"字在句子是可以理解成"煤都"，也可以理解成"都是"。如果作答者按照第二种意思理解，那么这道题目的答案可以是"黑的"。但这明显不是地理考试应有的答案。

（二）语言表达聚焦于要考查的能力

还有一类问题是题目的表达限制不够清晰，不符合作答者的理解水平，没有明确聚焦于题目的考查要点。这会使作答者无法准确展示其在这个内容领域的真实水平，造成评价结果出现偏差。这类问题如果不经过认真推敲，往往难以被发现。以下通过大规模测验中的一道题目进行说明。

题目示例

阅读短文部分内容

春天是什么？宋祁（qí）说，春天是"红杏枝头春意闹"的胜景；韩愈说，春天是"百般红紫斗芳菲"的画卷；周邦彦说，春天是一方"新绿小池塘"的幽雅；杜甫说，春天是"泥融飞燕子"的生机……

问题1稿：

请你仿照文中的句子，用一句古诗描写你心中的春天

_____说，春天是"_____"的_____。

问题2稿：

请你仿照文中的句子，引用一句古诗把句子补充完整。

_____说，_____是"_____"的_____。

问题3稿（定稿）：

请你仿照文中的句子，引用一句古诗把句子补充完整，可以写不同的季节/景物等。

_____说，_____是"_____"的_____。

这道题目是旨在考查五年级学生阅读积累的填空题形式的建构反应试题。以上呈现了这道题目的两个过程版和一个最终版。

问题1稿要求学生仿照原文写出自己心中的春天。考虑到教材中描写春天的诗歌数量以及题目中已经给了多首广为传诵的描写春天的诗句，命题者经过分析，认为题目的限制过于严格，相对于想要考查的"阅读积累"而言，限制条件过高，没有给学生足够的空间。当然，这只是命题者的假设，无从依据数据进行判断。基于这样的反思，命题者将题目进行修改，得到了第2稿。

第2稿避免了第1稿的问题，给予了学生开放的空间。至此，命题者认为这道题目修改到位，可以用于测试了。因此问题2稿作为测试的第二版应用在预测试中。在约1500名参与测试的学生中，这道题得满分的人数所占比例为38.8%，得0分、1分、2分的人数所占比例分别为53.6%、1.3%和6.4%。从这个测验结果可以看出，53.6%的学生在完全没有限制的情况下，并没有"主动正确地体会"命题者的意图，出现了各式各样的答案。命题者根据这些过于丰富的答案也无法做出学生达到了当前题目情境下"阅读积累"标准的肯定判断，因此直接导致了超过半数的学生此题不得分。

该情况导致的问题在于，如果命题者据此判断学生"阅读积累"掌握得"差"，那么这与命题者基于教学经验所掌握的模糊事实出入非常大；也就是说，通过这道题对学生学习和教学诊断做出的结论是有问题的。所幸此题目仅为预测试题，命题者有依据数据再次修改题目的空间。

基于数据呈现的问题，命题者进行了第三次修改，并得到了问题3稿。在这一稿中，命题者给出了对答案范围的说明，最终得到了测验结果（表6-1）。

表6-1　不同得分学生所占百分比

分值	0分	1分	2分	3分	4分
人数百分比（%）	12.4	1.5	5.3	21.1	59.6

　　规则本身具有某些可待讨论的不确定之处。因此，建构反应试题作为测验题型，本身需要更多的研究，以使其在质量保障方面有更多依据。

第三节　建构反应试题评分的基本原则与方法

一、明确评分要点

　　明确评分要点事实上与蓝图编制中所提到的"考查点不交叉"互相对应。换句话说，蓝图编制中的这个要求是否得到了落实，一方面体现在题目的命制上，另一方面体现在评分时所采用的方式上。

　　以下题为例进行说明。

题目示例

请写出一个表示认真做事的词语。（1分）

考查能力：语言积累

评分标准：意思对即可，错别字不扣分，仅作标注

参考答案：专心致志、一心一意、心无旁骛、聚精会神、全神贯注……

答案样例：

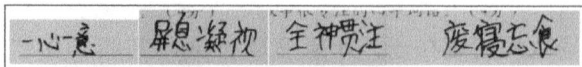

错别字标注：

错误样例：

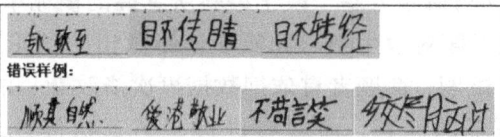

　　从上述题目要求可以看出，这是一道通过要求学生写词语来反映其语言积累能力的题目，写词语不可避免会有错别字出现。在"严格"的日常测验中，评卷人会认为有错字的词语是不对的，这对于这样一道满分为1分的题目，即使学生写出了含义正确的词语，在得分上也是0分。教师如果通过看分值来判断学生的学习情况，就会认为学生的语言积累没有达到应有的水平，而并不知道学生是识字与写字能力有缺失。

分数是用来反映学生能力的,评分者在阅卷时要时刻提醒自己当前的题目要求的能力是什么,给出的分数是否能够准确反映这种能力的有无以及程度高低。能够清楚记住并实践这一点,才能很好地落实上述要求。

二、选择适当的评分方法

(一)整体评分法与分析评分法

建构反应试题的评分方法中应用较多的是整体评分法(holistic scoring)和分析评分法(analytic scoring)。整体评分法是评分者根据评分标准对评价目标给出一个整体性印象分数的方法。分析评分法也称分项评分法,是将评价的目标分解成多个不同的侧面,并对每个侧面进行给分的方法。例如,对于写作任务的评分,采用整体评分法的评分者对一篇文章给出一个分数或等级;采用分析评分法的评分者可能会从写作的不同角度,如文章结构、语言表达、内容进行给分。以写作为例,维格尔(Weigle)对这两种评分方法进行了比较,如表 6-2 所示。[①]

表 6-2 整体评分法与分析评分法

质量	整体评分法	分析评分法
信度	低于分析评分法,但仍可接受	高于整体评分法
结构效度	假设写作的各方面能力是同步发展的,可用一个分数体现 受到作文长度、书写等表面特征的影响	更适合用于第二语言学习者写作测试,因为其写作能力的不同方面是以不同速度发展的
实用性	快速且简单	耗时长,花费高
真实性	单一分数有可能掩盖写作各方面能力之间的不均衡,造成对测试者错误的定位	能够通过多个量尺为评价测试者或教师的写作教学提供诊断信息

(二)SOLO 分类理论在建构反应试题评阅中的应用

SOLO 分类理论将学生在问题解决过程中的反应按照思维结构的复杂程度划分为从低到高五个不同的层次。命题者可依据该理论将学生给出的看似复杂多样的答案进行层级判断,从而得到对学生思维水平的量化标

---

① Weigle S C. *Assessing Writing*, Cambridge, Cambridge University Press, 2002, p. 121.

定。由于每个层级均有明确理论内涵，因此依据该理论的评分结果也可以提供更多诊断信息。以下通过一道语文阅读简答题说明。

题目示例[①]

小松鼠的复信

贪玩的小松鼠好不容易熬过了冬天。

春天终于来了。他尽情地唱歌、跳舞、捉迷藏……

夏天来了，他还是尽情地玩。

有一天晚上，啄木鸟来敲小松鼠的门。小松鼠玩得太累了，睡得很沉。啄木鸟好不容易才敲开门，他有礼貌地说："打扰您了，兔子要我送一封火急信。我不得不来敲您的门。"

小松鼠接过信，信封里，除了一片秋天的枯叶外，什么也没有。小松鼠仔细看了一下，枯叶左边有一个小小的"？"。小松鼠脸红了，一直红到脖根。他不由得想起了去年冬天四处借粮的狼狈情景。

小松鼠撕下了带问号的半张枯叶，并把它贴在屋里的墙上。在另外半张枯叶上，他画了一个"！"。小松鼠把枯叶装进信封，请啄木鸟把它送给小兔。

第二天一早，小松鼠就去森林里采蘑菇和小松果，开始储备过冬的粮食了。

问题：你认为这个故事主要讲的是什么？

以上题目旨在考查三年级学生的整体感知能力。对于上面这道题目，命题者采用 SOLO 分类法将答案进行分类，得到的结果如下。

前结构层次的学生对文章的理解是完全错误的或者是脱离文章内容的，如"这篇文章讲了小松鼠和小兔是好朋友"，"这篇文章讲了小兔和小乌龟一起玩耍"，甚至"我不知道讲了什么，但是我很喜欢小白兔"。

单一结构层次的学生能够理解文章中的某一个片段，或者某些句子，但是他们的理解还仅仅基于字面，如"小松鼠很贪玩，春天夏天都在玩"，"小兔送了小松鼠一片树叶"，这些都是文章中的句子。

多元结构层次的学生能够把握文章的几个方面，对文章有一定的理解，但是还不完整，如"小松鼠因为贪玩，没有储存过冬的粮食"。这样的

---

① 李英杰：《小学生阅读能力学业水平评价的研究》，硕士学位论文，首都师范大学，2006。

答案显示出学生理解了文章的前半部分，但是对前后内容之间没有建立起有机的联系。

　　关联结构层次的学生能够完全理解文章，把文章作为一个整体，在各个部分之间建立有机联系，如"在兔子的帮助下，小松鼠吸取教训，知道要储存过冬的粮食了"。

　　SOLO 分类的应用中，存在着看似符合 SOLO 分类要求，但并未体现该理论本质特征的情况。在此以一个典型的案例进行分析。这是来自 BAEQ2010 年的历史命题过程稿。

　　题目示例

　　依据资料卡，分别说明新政措施如何帮助各阶层的美国人度过经济危机，并总结这些措施的共同特点。（10分）

　　（提示：可以分工人、农民、企业主、银行家等阶层叙述）

　　【示例】失业者：国家兴建公共工程以增加就业机会，帮助失业者度过经济危机。

资 　料 　卡

1933年罗斯福当选美国总统，实施新政。新政的措施主要包括：

A. 整顿金融本系	国家提供贷款帮助银行恢复信用，使私人现款又存入银行
B. 调节工业生产	国家调节各企业之间的关系，避免盲目竞争危害企业生存和发展
C. 调整劳资关系	国家出面调整劳资关系，企业主必须保证工人的最低工资和其他权利
D. 推行"以工代赈"	国家举办公共工程以增加就业机会，提高社会购买力
E. 调整农业生产	国家奖励农民缩减耕地面积和牲畜数量，以保证农产品价格。农民的损失由政府补贴

　　答案示例及评分标准：

　　工人：国家要求企业主保证工人的最低工资。

　　农民：政府奖励自愿限制种植面积和牲畜头数的农民，稳定农产品价格，农民损失由政府补贴。

　　企业主：国家对工业生产进行控制和调节，避免盲目竞争危害企业生存和发展。

　　银行家：政府提供贷款，保证银行恢复信用。

共同特点：国家干预经济。

评分标准见表 6-3。

表 6-3　评分表

学生能力水平	评分标准	得分
无法理解问题，或无法从材料中提取有效信息	没有回答或答非所问	0
基本理解问题，能从材料中提取部分信息，并正确表述	正确写出新政帮助一个阶层度过危机的措施	2
基本理解问题，能提取材料中的大部分有效信息，并正确表述	正确写出新政帮助两个阶层度过危机的措施，但没有总结出共同特点	4
	正确写出新政帮助三个（含三个）以上阶层度过危机的措施，但没有总结出共同特点	8
正确理解问题，提取材料中的大部分有效信息，准确概括	正确写出新政帮助三个（含三个）以上阶层度过危机的措施，总结出共同特点	10

根据表 6-3 评分标准看，0 分代表学生能力水平与 SOLO 分类的前结构相对应，即学生无法作出与问题相关的任何正确回答；2 分与单一结构相对应，即学生仅能提取到与题目问题相关的简单信息并作出回答，具体到本题是写出一项阶层度过危机的措施。从得分所表示能力水平及其与 SOLO 分类理论层级的对应关系看，这两个水平是符合前结构与单一结构的。

依照上述思路，进一步得分应与多元结构相对应。从评分标准看，4 分表示学生能写出两项阶层度过危机的措施，8 分表示学生能写出三项及以上阶层度过危机的措施，且在写出这些措施的同时学生都没有总结出措施的共同特点。结合标准答案和评分标准可见，学生根据提供的材料写出二至四项措施时，将被赋予不同分数。但从 SOLO 分类的多元结构内涵来看，无论学生写出两项还是四项措施，均可视为处在多元结构水平。尤其是考虑到本题目题干中做出的"工人、农民、企业主、银行家"四类提示，与以"失业者"为例给出的一个作答提示，刚好完整对应了材料中的五条信息，即在信息的呈现方式上不存在明显难度差异。因此，如果严格按照学生思维水平进行评分，那么写出二至四项措施的学生均属于相同能力水平，应考虑赋予其相同分值。

值得注意的是，在同一层级内学生的发展水平可能存在差异。就本题目而言，如果认为同是多元结构层级的学生写出措施数量确能代表某种能力的差异，那么一方面做出此种判断应有充分依据，另一方面所赋分值的差异应匹配其所代表的能力差异。

此示例是命题者初步尝试以 SOLO 分类理论视角评价学生能力的题目过程稿，后经反复推敲有所修改。这其中展现出的问题值得命题者关注。

（三）用编码代替评分，为诊断提供更多信息

1. 编码的定义

广为人知的评分方式是评分者对所见答案依据评分标准中的相应规则给出一个数值，这个数值就是作答者在该题目上的得分。

在学业水平测验中，这个得分代表了学生的某种能力水平。教师可通过该分数了解学生的能力水平，并以此为依据进行有效的教学活动，从而提升教学效果。但是单一的分数除代表能力高低，若非经过严谨的分数解释，其所能提供的信息有限，对于据此进行的后续教学活动所能提供的证据支持也有限。

建构反应试题因其较高的开放性为作答者提供了充分的表达空间，充分收集这些作答表现出的信息，将更有助于为依据测验结果的教学改进提供证据。为此，通过"编码"的方式替代"评分"成为一种新的方式。PISA 测验在此方式上进行了引领性实践，为测验提供了更多角度的丰富信息。

编码是信息从一种形式或格式转换为另一种形式或格式的过程，用预先规定的方法将文字、数字或其他对象编成数码。

在学业测试中，编码是将学生解题过程中的信息进行赋分之外的进一步分类整理，并以有别于分数的符号来表示的过程。

从这个定义出发，可以看出，其实为人熟知的评分也是编码的一种形式，即通过分数标定学生的能力。以一份 100 分为满分的试卷为例，100 分学生的能力高于 95 分学生的能力，此时就是在用"分数"这个符号表示能力。

在通过测验改进教学、提供教学诊断证据的理念下，学生在测验中展示出来的除了答案之外的各种信息都应得到重视。顺着这种思路，测验开发者开发了另一套符号系统来表征学生展示出来的各种有价值的、值得

关注的信息。例如，PISA 采用的是一套双编码的计分方式，具体操作如表 6-4 所示。

表 6-4　PISA 双编码计分方式

第一位编码	解释	第二位编码	解释	最终编码
0	不得分	1	不得分的第 1 种类型/表现	01
		2	不得分的第 2 种类型/表现	02
		…	不得分的第 n 种类型/表现	…
1	答对一步	1	部分答对的第 1 种类型/表现	11
		2	部分答对的第 2 种类型/表现	12
		…	部分答对的第 n 种类型/表现	…
2	正确/可理解为正确	1	答对的第 1 种类型/表现	21
		2	答对的第 2 种类型/表现	22
		…	答对的第 n 种类型/表现	…
…	……		……	
9	未作答	9	未作答	99

在这样的编码体系下，本节列举的第一道题目"请写出一个表示认真做事的词语"就可以设计为以下编码形式（表 6-5）。

表 6-5　例题双编码计分方式 1

第一位编码	解释	第二位编码	解释	最终编码	解释
1	学生所写词语的含义符合题目要求	1	学生写出的词语没有错别字	11	学生写出了含义正确且没有错别字的词语
		2	写出的词语有错别字	12	学生写出了含义正确但有错别字的词语
0	学生写出的词语含义不符合题目要求	1	部分答对的第 1 种类型/表现	01	学生写出的词语含义不符合题目要求
9	未作答	9	未作答	99	正常参与测试的学生这道题目没有作答

编码 11、编码 12 赋值 1 分，编码 01、编码 99 赋值 0 分。

分析上述编码需要强调以下一些要点。

　　第一，题目的给分完全匹配题目要考查的内容，即只要词语正确就能得到 1 分。

　　第二，并非写错字不重要，即使这道题目并不旨在考查写字，但错字比例也是评分者关注的问题，因此通过第二位代码对错字做出标识。

　　第三，编码只针对这道题目所能反映出来的那些值得关注的问题。建构反应试题的重要特点在于作答者可以任意表达自己的想法，即使是一些与题目无关的内容。而这些内容大多数可能并不是命题者需要关注的。比如，这道题目中第一位编码为 0，也就是此题不得分的学生究竟写了什么类型的不符合题意的词语，这并非评分者关注的内容。因此，在这位就不再设计新的编码规则了。

　　第四，可以看出写错和不作答最终的计分都是 0 分，却是分别列出的。这是 PISA 测验编码的一个惯例。PISA 测验阅卷中通常使用代码 99 来表示学生完全没有作答题目，以便区别完全没有思维结果呈现和呈现出错误思维结果的作答。这种编码在客观上起到的作用和表 6-6 所示的是一样的。

表 6-6　例题双编码计分方式 2

第一位编码	解释	第二位编码	解释	最终编码	解释
1	学生所写词语的含义符合题目要求	1	学生写出的词语没有错别字	11	学生写出了含义正确且没有错别字的词语
		2	写出的词语有错别字	12	学生写出了含义正确但有错别字的词语
0	学生写出的词语含义不符合题目要求	1	部分答对的第 1 种类型/表现	01	学生写出的词语含义不符合题目要求
		2	未作答	02	正常参与测试的学生这道题目没有作答

　　代码是为了给评分者和实施教学的教师提供改进工作的参考依据，上述编码规则只是常用的一种，绝对不是唯一的。评分者可根据自己的实践需求设计编码规则。

　　2. 对编码的分析

　　编码将给评分者提供诸多有益信息，在此仍以上述语文学科"请写出一个表示认真做事的词语"一题的编码结果进行说明。图 6-1 呈现了前面提到的语文题目的测试结果。对于编码的分析无疑为我们提供了一项重要信息——是否有哪个区县的词语积累表现与识字写字表现不匹配。

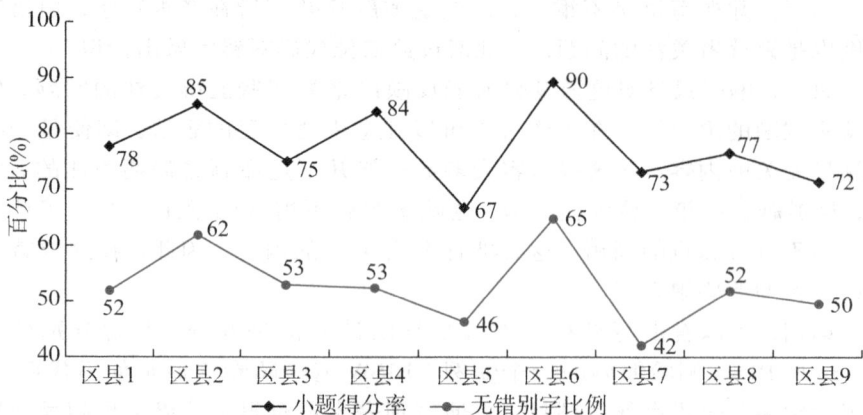

图 6-1   编码结果

可以看到，对于区县 4，其词语积累的表现在 9 个区县中是较好的。而如果以其得分率的情况作为参照来看，区县 4 的"无错别字"比例较低。

在此，我们来回顾上一节中提到的关于座位数量的旨在考查估算的数学题的评分方式。

题目示例

希望小学计划组织全校同学到剧场观看新年演出，有以下 A、B、C、D 四个拥有不同座位数量的剧场可以提供场地。根据表格中各年级的人数，你认为该选择（   ）剧场比较合适。

学校	一	二	三	四	五	六	草稿区
甲校	227	258	214	272	263	209	
乙校	248	225	266	217	282	246	
丙校	227	246	271	240	229	283	

（最终版）

A. 3600   B. 3690   C. 5300   D. 5400

作为一道单项选择题，通常的给分方式是题目有一个唯一正确的选项，作答者选择正确选项得满分，选择错误选项不得分。但是本题由于有最终草稿区的内容作为参考，已经体现了建构反应试题的形式，更重要的是体现了学生在估算过程中的真实思维，因此在评分时需要考虑这部分内容。出于如上考虑，本题首先仍然按照选择题的传统计分方式，对选择了正确答案的学生给了满分，而后通过对草稿区的作答进行编码，区分了两种估算的类型，最终看到在选择了正确选项的 84.6% 的学生中，真正运用估算的学生达到 52%，其他貌似运用估算的学生占 48%。也就是说，在选择了正确选项的学生中，仅有半数是掌握了估算方法的。测验全体学生的结果显示，掌握估算的学生所占比例实际上是 43%，而不是我们之前从分数中看到的 84.6%。就这道题目而言，编码为评分者提供了真实的学业水平情况。如果没有这些信息，通过此题对学生估算能力的判断将对实施教学的教师造成极大的误导。值得注意的是，如果将这道题目改为一道建构反应试题，完全依据估算与否及估算的方法所体现出的数学思维程度给分，则对于估算的考查更具有准确性和诊断性。

三、评分过程中的其他注意事项

上述主要针对一些相对而言较难理解或需要特别解释的内容。建构反应试题评分过程中，还有其他操作层面需要注意的，主要包括以下几点。

第一，一个评阅人一次只评阅一道试题。将一道试题完整评阅完之后，再进入下一题的评阅，以避免多次认知转换造成对题目标准把握的偏差。

第二，多人评阅一道题目时应在差异超过题目满分值一定比例时由阅卷组长进行仲裁。这一要求在采用计算机评阅时更容易落实。

第三，保留完整的阅卷评分手册。手册中应包括评分标准、作答样例、编码说明等能够将评分过程进行完整呈现的各项内容。

四、建构反应试题在评分方面的不足

建构反应试题在考查学生较高水平的思维方面具有很好的优势，同时能够通过分析学生的作答信息带来有价值的教学诊断信息。但是，评分者的主观性也容易造成一定的问题，主要包括：第一，评分者之间的一致性较低；第二，由于评分者之间的一致性较低，评分者往往为了避免这类问题的出现，采用趋中给分的办法，造成大部分学生集中在中间分数段，而较低分数段，尤其是较高分数段的人数所占比例较低；第三，建构反应试题阅卷时间较长，人力耗费较大。

第七章　表现性评定

第一节　什么是表现性评定

　　表现性评定又称真实性评定，指的是在真实的或接近真实的情境中，运用评分规则对学生完成复杂任务的过程表现和/或结果进行判断，形式上包括书面报告、作文、演说、操作、实验、资料收集、作品展示等。与以选择反应试题为主的笔纸测验相比，属于建构反应试题的表现性评定不仅能够评价学生知道什么，而且能够评价学生能做什么。

　　表现性评定通常具备四个典型特征：第一，在任务形式上，采用非选择题的测评形式；第二，在任务背景上，嵌入真实的或接近真实的问题情境；第三，在任务指向上，以完成复杂任务为指向，往往包括多个完成步骤，需要调动更广泛和更高层级的认知能力；第四，在评价目标上，既关注体现认知能力的任务作品本身，也关注完成任务作品的过程，特别是关注完成过程的情意表现。

第二节　表现性评定包括哪些类别

　　根据表现性评定的应用场景与受限制程度，可将表现性评定划分为大规模测评中的表现性评定和校内教学中的表现性评定。前者对于任务实施的时间、环境创设、作品呈现、评分规则的要求非常严格，测评结果常被应用于对区域教育质量的评价、对学生个人毕业或升学考试资格的获取等的决策；后者对于任务实施的时间、环境创设、作品呈现、评分规则的要求相对宽松，是教学设计实施的重要组成部分，测评结果主要是为了诊断与改进教学。

　　大规模测评中的表现性评定的典型案例以美国教育进步计划中科学实验操作测评（Hand-on task）、我国义务教育质量监测中的音乐现场演唱测试等为代表；校内教学中的表现性评定的典型案例以"手抄报""小制作""调研报告""辩论演讲"等校内常规作业形式为代表。

第三节　如何设计校内表现性评定任务

一、理论依据与原则

　　设计校内表现性评定任务以教—学—评三位一体、多元化、以个体发展为参照的新课程评价理念为理论依据，结合国家课程标准与教材，主要遵循以下原则。

　　现实性原则。表现性评定任务须取材于学生的现实生活，是学生日常生活中的真实问题。只有这样，才可能使学生更主动、更广泛、更深入地激活自己的经验，理解、分析当前的问题情境，通过积极分析、推论对所学习的知识与技能产生新的理解。理解的合理性和有效性又在完成任务的过程中自然地得到检验，其结果就是对知识经验的丰富与充实，也是对知识经验的调整与重构。例如，在华东师范大学出版社出版的八年级数学实验教材轴对称、平移与旋转一章的教学结束时，教师设计了"制作图文并茂的科普小画册"（以下简称"制作科普画册"）的表现性评定任务；在一元一次方程组及其解法一章的教学结束时，教师设计了"某公司员工午餐套餐方案"的表现性评定任务。

　　综合性原则。表现性评定任务往往呈现于某一单元或章节之后。由于完成任务所需要的知识与技能要建立在整个单元教学内容基础之上，因此表现性评定任务具有较强的综合性。通常来说，表现性评定任务不同于普通的作业，是由一组具有明显层次关系的问题构成的"大"任务，需要花费较长时间运用较多的解决步骤来完成。例如，"制作科普画册"作业任务就是在学习完"轴对称、平移与旋转"整章内容后呈现的，其作业要求如下：①请细致观察实际生活中的各种图案，广泛收集各种通过平移、旋转、轴对称形成的平面图形，分析它们的性质和特征，然后设计一个美观的图案并赋予这个图案主题和实际意义；②请仿照科普文章的形式，把收集的图案和分析图案特征的过程及设计的作品组成一本科普小画册，尽可能运用你所学到的数学知识设计好小画册的结构和版面。由此可以看出，完成这次"大作业"，不仅要求学生理解、掌握好本章所学的学科知识，还要求学生充分展示观察、理解和收集、分析、整理资料并进行评价判断的能力。

推广性原则。表现性评定任务取样必须具有代表性，使得学生在此任务上的表现可以迁移、类推到其他类似任务中。或者说在完成这项任务后，学生可将在完成任务过程中获得的知识、技能、情感与态度体验用于解决其他类似的问题，完成其他类似的任务。

多主体参与评价原则。表现性任务评定以教师为评价的核心，还包括学生、小组、家长多个评价主体。例如，"制作科普画册"的表现性评定作业任务报告单为求对学生作品进行更为客观、更为立体化的评价，包括作者评定、小组评定和教师评定三个方面，且为体现教师的核心评价主体地位，教师评价占有较高的权重。

兼顾过程与产品原则。表现性评定任务要求既评价完成任务的过程，又评价任务完成后呈现的作品。例如，评价每个表现性评定任务的任务报告单几乎都要涉及过程与产品（作品）两个大维度，且针对不同类型的任务，更进一步的评价维度有所不同。

小组合作原则。表现性评定任务完成过程中，必须包括小组合作，使学生在合作学习中取长补短，更好地完成任务。小组合作并不是表现性评定的固有特征，只是设计者为了增加合作交流的机会而设置的。这种合作根据任务的不同，可能会出现在不同环节，有时由小组共同完成一件作品，有时是相互讨论组内成员的作品情况并提出改进建议。例如，"制作科普画册"的作业任务报告单就包括了"合作程度"维度，并提出了具体的分工协作完成任务的含义及等级标准。

开放性原则。表现性评定任务是开放的，即如果学生不满意自己的作业评定结果，可以重新修改，只要在规定期限前上交，就不影响等级评定。同时，表现性评定任务也鼓励学生在总结经验与别人意见的基础上，对作品进行修改。例如，"制作科普画册"的作业任务报告单就包括"修改次数"一栏。学生在上交最终作品时如实地填写实际修改次数，可作为后期"努力程度"维度评价的客观参考依据。

二、设计步骤

根据上述原则设计出类似于日常作业、贯穿于教与学全过程的表现性评定任务是前提条件，其主要设计步骤如下。

第一，确定评价目的。评价目的可以有很多种，如划分等级、选拔、诊断、促进等，决定着设计任务的难度、呈现方式与实施方式。对于课程嵌入型表现性评定来说，评价目的主要定位于诊断—促进—鼓励。

第二，确定评价内容。根据学科课程标准，确定本章节要求学生掌握的核心知识与技能，明确课程标准要求培养学生的情感、态度与价值观方面的重要内容，这应当是当前表现性评定任务设计的出发点与归宿。

第三，创设问题情境，设计与构思相应的表现性评定任务。创设一定的问题情境，引发学生的各种学业表现，这是表现性评定任务设计的关键。如果情境引入得巧妙，接近学生生活，那么不仅可以达到课程标准的要求，还可以激发学生强烈的求知欲。

第四，制定评定标准与评分方案。评定标准与评分方案的制定是表现性评定设计的重要部分，直接决定着表现性评定方案的科学性与可行性、所收集资料的全面性与真实性。制定评定标准要注意以下方面：考虑标准是否包括了主要教学目标，是否为学生的表现提供了足够充分的空间；标准应当集中于在一定时间范围内，通过教学与实践活动可以提高学生能力的特征上；采用描述性语言说明每一个等级水平，突出阶段性的成就表现，明确学生应该做到什么而不是做不到什么；标准是否能够对不同水平进行准确的划分；采用整合型分数还是分析型分数，采用何种权重将分析型分数进行整合；是否同时采用评语评价。例如，"制作科普画册"任务报告单的评分标准就包括了过程评定与产品评定两大维度。过程评定维度包括思维程度、努力程度、合作程度与信息程度四个子维度。产品评定维度包括策略水平、信息水平、知识水平、交流水平、画图水平与艺术水平六个子维度。各个子维度均包括四个等级，其中策略水平的等级描述为：4—能分辨出解决问题的重要因素，解决问题的策略恰当，过程清晰、有条理；3—能分辨出大部分解决问题的重要因素，解决问题的策略合理，过程完整；2—能分辨出一些解决问题的重要因素，解决问题的策略基本合理，过程基本完整；1—不能分辨解决问题的重要因素，解决问题无策略，过程无序。此外，在结果报告方面，此任务报告单采用分析型与整合型分数相结合的方式，并同时运用评语评价。

第五，尽可能提供完成任务所需要的资料。表现性评定任务来自学生的真实生活，大都包括一系列具有明显层次结构的问题。解决这些问题既需要较低层级认知能力的记忆呈现，又需要较高层级认知能力的应用、分析与综合评价。因此，为了引导、帮助学生较好地完成任务，教师在呈现问题的同时，要尽可能提供完成任务所需要的资料，为学生完成任务搭好台阶。这一点在完成任务的初期尤为重要。出色地完成任务有助于学生增强信心和完成后继任务的动力。例如，在完成"制作科普画册"的表现性作业任务时，教师为了给学生搭建完成作业的台阶，在布置任务的同时，提供了书面的完成任务所需要的大量指导。例如，请给出从各种渠道收集的平面图形，标明各图形的收集来源及类别（可按平移、旋转和轴对称分成三大类，每大类又可分成实物照片、抽象图案、平面几何图形三种），注意每种类别的图案至少要有一个，图案局部符合构成方式的要求也可；可对所收集的每大类图形加以分析，用文字描述每大类图形的特征及各类图形具有哪些相同点和不同点，并尽量从数学的角度、用数学的语言解释导致它们相同或不同的原因（可查阅引用资料，但须注明出处）；请分别用每一大类图形自己设计三个图案，要求尽量线条简单地体现出每个图案的构图方式（平移、旋转、轴对称）；请综合运用这三种图形变换方式设计一幅图案，给所设计的图案赋予一个主题，并用文字说明它的用途（如贺卡、邮票、服装、建筑装潢、环保标志等）；请给出详细的解决上述问题的过程，包括分析图形，归纳各类图形的特征，模仿设计各类图形，综合设计图案及其主题和用途；用适当文字把上述部分连接成具有整体感的科普小画册，并选择一个可概括内容的合适的名称；完善小画册，设计恰当的封面，编好页码，统一以 A4 纸打印，装订成册等。

三、实施环节

实施表现性评定任务要把握好以下五个环节。

第一，准备环节。在表现性评定任务实施开始前，为每个学生准备作业档案袋或文件夹，在教室中布置班级展示园地。

表现性评定任务的实施需要对学生作品进行长期不断的观察、记录、收集与整理，因此建立档案袋是十分必要的。需要指出的是，为了充分发挥评价本身的鼓励与促进功能，还要对学生的作品进行展示。

第二，任务呈现环节。在某单元或某章节教学将近结束时呈现表现性评定任务，同时还要讲解表现性评定的任务要求与任务评价维度，结合实例告诉学生什么样的作品是一件好的作品，什么样的表现是一种好的表现，什么样的作品是一件差的作品，什么样的表现是一种差的表现。希望学生通过比较，提取区别表现的关键性特征，并在自己的作品中进行体现。

第三，作业完成环节。完成作业后，首先是在指定的时间内个人自评，然后上交至小组评定，学生修改作品后上交至教师评定。教师评定时，除给出各维度的等级之外，还要采用肯定、鼓励的语言风格，明确肯定优点，并指出不足。

需要说明的是，课程嵌入型表现性评定的重要功能在于导向、改进与提高。因此，虽然其在评分的精准性方面存在问题（甚至会影响到评价本身的信度与效度），但是精准性、信度与效度并不是课程嵌入型表现性评定追求的主要目标。这也是其与校外大规模表现性评定的本质区别之一。

第四，反馈环节。以小组为单位汇报本小组的作业完成情况，结合作品本身，指出小组作品的优势，并就具体存在的问题进行简单阐述，最后由教师针对作品中有代表性的问题，结合任务本身和教材内容进行总结。对自己完成任务的情况不满意的学生，可以将作品拿回，重新完成，另附报告单。

第五，作品展示与收集环节。在某项表现性评定任务完成后，将比较优秀的作品在班级园地中进行展示，并要求学生将自己的作品放入档案袋保存，留待期末时进行作品集展示（届时可邀请家长来参加）。当然，这也是一个收集学生作品信息、记录其某学科学习历程的过程。学生看到自己的作品的时候，可以体会到学科学习中点点滴滴的进步，不仅可以促进自己反思，也会给自己带来极大的鼓励。

表 7-1   表现性评定任务方案与传统作业评定方案对照表

对照项	表现性评定任务方案	传统作业评定方案
评价理念	教—学—评三位一体、多元化、以个人发展为参照的评价观	一元化、常模参照的评价观
评价主体	教师、学生、小组	教师
评价客体	过程及结果,以学科能力为中心的多种能力	结果,学科能力
任务类型	由授课教师设计,与现实生活结合紧密,综合性强的表现性评定任务	书本上的常规作业
任务呈现	呈现时,讲解表现性评定任务的要求与评价维度,结合实例告知学生什么样的作品是一件好的作品,什么样的表现是一种好的表现	简单布置作业
反馈方式	评语＋评分式,小组反馈,结合教学内容教师讲评	无评分,无评语,只有对错判断教师公布正确答案,并进行简单讲解
作品收集与展示	档案袋,并在每个作业完成后、整个学期结束后进行作品展示	作业本,无展示

　　表 7-1 将表现性评定任务方案与传统作业评定方案进行了对照。可以看出,两者在评价理念、评价主体、评价客体、任务类型、任务呈现、反馈方式、作品收集与展示方面有着显著的不同。表现性评定任务设计与实施的过程充分体现出新课程强调的尊重与平等、促进学生成长与发展的教育理念,教师的角色从单纯的知识传授者向学生学习的促进者转变。任务本身不仅可以调动学生的学习兴趣,也可以为学生的探究能力、合作能力、自信心与反思能力的发展提供广阔空间。

　　教师在将课程表现性评定任务应用于教学的过程中,可以发现表现性评定任务本身不仅仅是一种新的学业成就评价方式,其在体现促进学生发展的学业成就评价理念的同时,在更深的层次上意味着教育理念、教学方式与学习方式的根本变革。没有相应的教育理念、教学方式、学习方式的革新,表现性评定任务的实施就会流于形式,效果不可能真正实现。

第四节　如何设计大规模测验的表现性评定任务

　　大规模测验中的表现性评定任务设计的主要功能定位于测查高级思维能力，测查学生综合运用所学知识解决实际问题的能力。相对于其他主观题型来说，表现性评定任务更为强调问题的真实性与情境性，更重视评定学生解决问题的过程。例如，图 7-1 中①，NAEP1996 项目在四年级科学测试中使用了表现性评定任务方式，任务要求学生测量并记录在不同液体瓶中放置铅笔和图钉的结果，得出关于"神秘液体"的结论，并预测向溶液中添加盐会产生的影响。在此项中，观察和测量都是比较简单的，但这些基本技能在很多情境中都是十分重要的，而且不能用单纯的纸笔测验来进行评价。

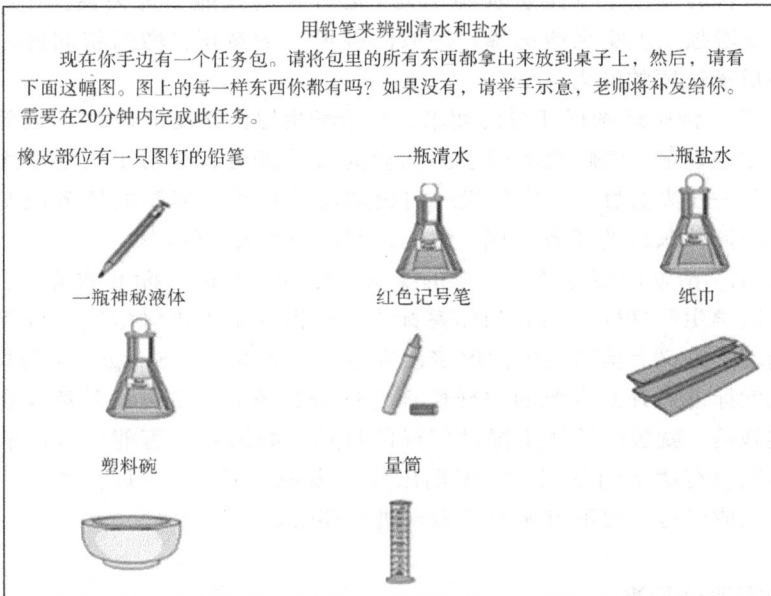

图 7-1　NAEP1996 项目四年级科学测试表现性评定任务示例

---

　　① C Y O'Sullivan, C M Reese, J Mazzeo, Report Card for the Nation and the States, Washington DC, US Department of Education, 1997.

编制能够有效测量复杂学习结果的高质量的表现性评定任务，与主观题目的设计、校内表现性评定任务有着许多相同之处，主要包括题目（任务）设计和评分标准设计两部分。

一、题目命制要点

第一，聚焦需要复杂认知技能的学习结果和学生成就，明确这些复杂认知技能的内涵与外延。表现性评定由于通常需要学生投入较多的时间，因此应该用于测量那些用其他花费更少时间的方法无法测量的学习结果。

第二，选择或设计能够体现重要学习结果的核心知识和技能的测评任务，并注重从现实生活中提炼出测量任务的问题解决模型。各学科领域所要求的具体能力虽然存在差异，但在对以问题解决为代表的核心能力的要求方面存在共性。因此，确定学生完成任务时可使用的内容和资源范围及何种测评任务有助于学生展示哪一类核心知识与技能极为关键。在此基础上，还要增强从现实生活选择、提取问题模型的意识，增强将问题模型转化成高质量试题的能力。

第三，清晰地阐述任务的要求，并给学生提供必要的帮助，确保学生能够清楚地理解。清晰地阐明学生需要完成的任务，有助于引导学生经历进行实验—收集信息—形成假设—问题解决的过程。模糊的任务说明可能导致各类无法预料的任务表现，妨碍后期评分的公平性。

第四，清晰地传达评分标准的要求与指向。对评分标准的解释、说明能够帮助学生明确任务预期和作答标准，对指导学生更好地完成任务具有很强的现实意义。美国表现性评定研究专家斯蒂金斯（Stiggins）曾指出，确定成就标准是开发有效的表现性评定任务最重要的部分，并建议在评价任务实施前，就想好给学生提供怎样的反馈：如果对于可能出现的表现的重要维度没有清晰的意识，即识别出优劣表现的眼光——那么就不可能指导学生完成任务，也不可能对其表现进行评价。

二、确定评分标准

为保证表现性评定任务题目计分的可靠性，评分标准或量规通常需要和题目同时开发。与多项选择题相比，每道表现性评定任务的题目都倾向于要求一个相对庞大且复杂的技能和知识组合，因此需要更明晰准确的评分依据。

（一）评分标准或量规的呈现

与主观题相同，表现性评定任务典型的评分标准由对成绩水平的语言描述或答案的各维度的描述组成，这些描述能够区分不同层次的成绩表现。表现性评定任务的评分标准往往以评定量表的形式体现，并对量表中的各个分数点相对应的成绩或特点进行描述。

评分所依据的成就水平的数量和语言描述在不同情境中差异很大。例如，对于图 7-1 所示的科学实践任务，对答案各部分都有评分标准。对于学生需要指出神秘液体是什么并解释判断原因这一部分来说，对学生的作答将会采用分步评分的方式，具体可划分为以下三类。

完全正确：学生能回答出神秘液体是清水，而且能根据任务实践操作所观察到的现象对判断结果给出满意的解释。

部分正确：学生能回答出神秘液体是清水，但是不能根据任务实践操作所观察到的现象对判断结果给出解释。

不正确：学生对神秘液体的判断是错误的，或者判断正确但给出了与判断相矛盾的解释。

（二）评分标准或量规的应用

评分标准或量规应用于过程评价和成果评价两方面。

过程评价：在很多领域，成就水平是在完成任务的过程中表现出来的，如演讲、实验操作、唱歌、演奏乐器、进行体育竞技活动等。这些活动不会产生任何可供评价的成果，用简答题或选择题来对其进行评价通常也不合适。因此，需要对行为表现过程本身进行观察及评价。图 7-2① 呈现了一个演讲评价量表。在开发此表的过程中，测验开发者须考虑到演讲能力应具有哪些重要的特性以及所评学生的年龄特征。

成果评价：表现性评定会产生某种成果时，要将对成果的评价置于首要位置。例如，对书法、绘画、绘制地图、制作图表、笔记、学期论文、读书报告、实验室实验的结果、作品进行评价的时候。

无论是过程评价还是成果评价，评分量规均能帮助评价者使用同样的标准进行评价，也能向学生再次强调优秀的成果或作品所应具备的典型特征。

---

① Miller M D, Linn R L, Grounlund N E, Measurement and Assessment in Teaching(10th), New Jersey, Pearson Education Inc. , 2009, p. 277.

演讲评价量表

评分说明：请根据学生的演讲，对其演讲能力的以下方面进行评价，在横线上对应的任意位置画一个"X"。请在评语部分处写下您的评分理由，并对学生的演讲表现进行深度点评。

A.内容与组织

1.演讲开头

不恰当，偏离演讲主题　　一般，对演讲无特别助益　　　　　　　　能引起观众兴趣，
　　　　　　　　　　　　　　　　　　　　　　　　　　　　　　　紧扣演讲主题

评语：

B.信息传递

2.手势

手势单调或让人分心　　　　　　总体上有效，　　　　　　手势自然，有感染力，
　　　　　　　　　　　　　　　有时会让人分心　　　　　很好地协助了演讲

评语：

图 7-2　演讲评价量表题目示例

（三）评分标准或量规的设计

第一，所测量的特性应当在教育学上有意义。和其他评价工具一样，评价量规需要与期待达到的学习结果保持一致。在构建评价量规时，确定哪些学习结果最重要，并用成就水平术语进行清楚的表述，以符合评价量表的要求。

第二，确定任务所想要测量的学习结果。评价的目的是确定评价所关注的成就特征的关键。明确想要测量的学习结果，有利于确定评分要素的优先顺序，能够对学习结果各成绩水平进行区分，减少与测评目的无关的因素的影响。当一个任务涉及多种学习结果时，对每一种学习结果分别进行评分是更好的做法，这样能够丰富给学生提供的反馈信息。

第三，所测量的特性应当能够被直接观察。这些特性对于观察者而言应该是清晰可见的。例如，课堂讨论的参与程度、发音的清晰程度、使用事实论据进行辩论等外显行为很容易被观察到，评价者能够进行有效的评价。然而，如对历史的兴趣、对文学的态度等不那么外显的行为就很难进

行有效的评价，因为必须通过外在表现去推断这些内部行为。因此，应当尽可能地将评价范围限制在可被直接观察和判断的特性中。

第四，对所测量的特性以及量表上的分数点应当进行清晰定义。特征和量表分数点的定义模糊会导致测量误差的产生。对量表上分数及其所代表的各属性的意义进行简明的解释，可提高测量的准确性。

第五，设计 3～7 个评分点。某一特定量表的具体分数点个数很大程度上是由评价用途决定的。如果只需要对该领域进行粗略的判断，那么较少的分数点就能满足要求。考虑到区分的能力与程度，不建议设定 7 个以上的得分点。

附录

数学科表现性评定任务设计方案

任务主题

平移、旋转和轴对称的特征以及分别经过这三种变换后的图形的画法。

课程标准

通过具体实例认识图形的三种变换方式，即平移、旋转、轴对称，探索它们的基本性质，能够按要求画出简单平面图形经过平移、旋转或轴对称后的图形；欣赏现实生活中的平移图形、旋转图形和轴对称图形，能利用平移、旋转和轴对称进行图案设计。

任务目标

使学生加深对平移、旋转和轴对称的理解，比较它们的异同，学会利用它们的性质来绘制一些美观实用的图形。

实施要求

（一）知识准备：平移、旋转

（二）实施方式：个人

（三）呈现形式：图文并茂的科普小画册

（四）任务实施程序

问题

同学们都看过科普书籍，你有没有想过自己当一回著书人呢？现在我们学完了"平移、旋转和轴对称"，欣赏了不少由平移、旋转和轴对称变换构成的图案，知道了平移、旋转和轴对称是平面图形的三种基本变换形式，不妨自己创作一本科普小画册，向没学过这些知识的同学介绍一番。

要求

①希望你能细致观察实际生活中的各种图案，广泛收集各种由平移、旋转、轴对称形成的平面图形，分析它们的性质和特征，然后设计一个美观的图案，并运用你所学到的平移、旋转和轴对称的有关知识，赋予这个图案主题和实际意义。

②请仿照科普文章的形式，把你收集的图案和分析图案特征的过程以及你设计的作品组成一本科普小画册，尽可能地运用你所学到的数学知识，设计好科普小画册的结构和版面。

1. 基本素材与指导

①给出你从各种渠道收集来的平面图形，标明各图形的收集来源及类别（按图形的构成方式，即平移、旋转和轴对称分成三大类，每大类又分成实物照片、抽象图案、平面几何图形三种），注意每种类别的图案至少要有一个，图案局部符合构成方式的要求也可以。

②对你所收集的每大类图形加以分析，用文字描述每大类图形的特征以及各类图形具有哪些相同点和不同点，并尽量从数学的角度、用数学的语言解释导致它们相同或不同的原因（可以查阅资料，引用资料上的话，但须注明所引用的出处）。

③分别模仿每一大类的图形设计三个图案，尽量线条简单、一目了然地体现出每个图案的构图方式分别为平移、旋转、轴对称。

④综合运用这三种图形的变换方式，设计一幅图案，给你设计的图案确定一个主题，并用文字说明它的用途（如贺卡、邮票、服装、建筑装潢、环保标志等）。

⑤给出详细的解决上述问题的过程，包括分析图形，归纳各类图形的特征，模仿设计各类图形，综合设计图案及其主题和用途。

⑥用文字把上述部分连接成具有整体性的科普小画册，并给它选择一个合适的标题。

⑦完善你的小画册，设计恰当的封面，编好页码，统一以 A4 纸打印，装订成册。

⑧作品完成后，根据自己的表现填好任务评定报告单。

⑨课上进行小组交流和评价，并评选每组的各种单项奖。

2. 展示并讲解此次表现性任务评定报告单

3. 展示样品

讲评展示

①同学们如果对自己报告单上的等级不满意，那么可以取回作品后进

行修改和完善，另评等级。

②将作品结集成册。

数学科表现性评定任务报告单

学校: _____ 班级: _____ 姓名: _____

作品名称: _____ 小组成员: _____

评定项目	评定维度	作者评定	小组评定	教师评定
过程评定	思维程度			
	努力程度			
	合作程度			
	信息程度			
产品评定	累计时间			
	修改次数			
	策略水平			
	信息水平			
	知识水平			
	交流水平			
	画图水平			
	艺术水平			
综合评定				
作者评语	※本次活动中我最满意自己的方面为： ※下次活动中我会在以下方面改进：			
教师评语				

年 月 日

评定维度描述

过程评定

思维程度

4   思维很活跃，参与很积极

3   思维较活跃，参与较积极

2   思维水平一般，能够参与

1   思维不活跃，不参与活动

努力程度

4   很认真，付出较多努力

3   比较认真，付出一定的努力

2   能够通过自己的劳动完成任务

1   不认真，没有付出努力

合作程度

4   分工非常明确，能够充分协调组内工作

3   分工明确，能够协调组内工作

2   分工基本明确，基本能协调组内工作

1   没有分工，不能够协调组内工作

信息程度

4   积极主动收集资料

3   较为主动地收集资料

2   能够收集资料

1   不能收集资料

产品评定

策略水平

4   能分辨出解决问题的重要因素，解决问题的策略恰当，过程清晰有条理

3   能分辨出大部分解决问题的重要因素，解决问题的策略合理，过程完整

2   能分辨出一些解决问题的重要因素，解决问题的策略基本合理，过程基本完整

1　不能分辨解决问题的重要因素，解决问题无策略，过程无序

信息水平

4　恰当筛选、引用有关资料

3　正确选用有关资料

2　能够使用资料

1　缺乏资料引用或使用不当

知识水平

4　能够很好地识别轴对称图形，很好地发现轴对称的特征，恰当使用术语

3　能够较好地识别轴对称图形，较好地发现轴对称的特征，大部分术语正确

2　能够识别轴对称图形，能发现轴对称的特征，术语基本正确

1　不能识别轴对称图形，不能发现轴对称的特征，术语有较多或严重错误

交流水平

4　语言优美流畅，具有较强的逻辑性，恰当使用图表等

3　语言清晰通顺，逻辑较严密，正确使用图表等

2　语言表意较准确，有一定的逻辑性，能够使用图表等

1　表意不准确，缺乏逻辑性，使用图表有较严重的错误

画图水平

4　画图非常美观、准确

3　画图比较美观、准确

2　画图基本准确

1　画图错误较多

艺术水平

4　确切反映主题，富有创新意识，进行合理尝试

3　比较确切地反映主题，有一定的创新意识，方法合理

2　能够反映主题，有一定的创新意识，采用的方法基本合理

1　不能反映主题或缺乏创新或方法不可行

综合评定

A　以认真努力的态度积极参与活动，并高质量地完成作业；102≤各

维度等级和

B   以比较认真努力的态度参与活动，并较好地完成作业；$81 \leqslant$ 各维度等级和 < 102

C   能够参与活动，完成作业；$60 \leqslant$ 各维度等级和 < 81

D   不能认真参与活动，或未完成作业；各维度等级和 < 60

（此表现性评定方案由中国人民大学附属中学王铭老师提供）

第八章　档案袋评价

第一节　档案袋评价概述

一、什么是档案袋

　　档案袋又称成长记录袋（portfolio），其原意为代表性作品选辑。[①]

　　档案袋评价最初用在艺术领域。当时很多画家和摄影家为了向买家呈现自己的作品，将最好的作品放在一个袋子里，以便于买家了解自己的风格和作品的质量，然后确定是否购买。后来财务领域引用了档案袋，但财务领域的档案袋装的是全方位的财务交易记录。在教育领域，档案袋介于这两者之间，既不是装最好的作品，也不是装全部的作品，而是围绕一个具体目的，装学生在某个学科、某个领域的代表性作品。

二、什么是档案袋评价

　　档案袋评价是指依据教学目标与计划，设计系列学习任务，在学生完成学习任务后，收集学生在不同学习阶段的作品，然后基于这些作品，对学生的知识技能、努力程度、学习兴趣与态度进行评价，既要评价学生的努力、进步和优点，也要关注学生的问题和不足。

　　美国档案袋研究专家阿特（Arter）认为，档案袋是一种有意义的学生

[①]　李雁冰：《质性课程评定的典范：档案袋评定》，载《外国教育资料》，2000(6)。

学习作品集，向他人展示了学生的努力、进步或成就①，包括在内容选择、标准确定、价值标准判断上的参与程度以及学生自我反思的证据等。

三、档案袋评价的分类

依据不同的目的，档案袋评价可以分为过程型档案袋评价、展示型档案袋评价和评核型档案袋评价三种。

（一）过程型档案袋评价

过程型档案袋评价的主要目的是评价学生进步的过程，诊断学生在学习过程中的不足并及时补正，提高学生的学习效果，如对学生写作能力的进步过程、阅读能力的进步过程的评价。

例如，一位初中教师为了及时了解学生写记叙文的能力，采用了档案袋评价的方法，设计了写事、写人、写景、写物、写读后感 5 种作文类型，要求学生每种类型写 2 篇。教师对学生的作品进行了收集，对每一篇进行了详细的点评，包括作品的优点、问题、进步等，一方面诊断学生写记叙文的过程中存在的问题，另一方面让学生看到自己的进步（表8-1）。

表 8-1　某教师设计的作文档案袋内容

时间	分类	篇名	篇名	评价标准
3 月	写事	放学路上、那次我真后悔	略	
4 月	写人	初秋的思念、渐懂母爱	略	
5 月	写景	冬阳下的湖水、绿色天堂植物园	略	
6 月	写物	巧克力、我想变成玩具熊	略	
7 月	写读后感	《树和斧子》《昆虫记》读后感、自由命题	略	

（二）展示型档案袋评价

展示型档案袋评价是指档案袋里收集的是学生在某个主题的写作上达到的最高水平的作品，作品一般由学生自己挑选。作品收集完后，一般会有展示活动、评比活动。展示型档案袋评价的本质在于展示学生的优点、成绩，让同伴、教师、家长或专家对学生的优点进行评价。这一方面能激

---

　　①　Arter J A, Spandel V, "Using Portfolios of Student Work in Instruction and Assessment," in *Educational Measurement: Issues and Practice*, 1992, 11(1), pp. 36-44.

发学生的兴趣，另一方面能让学生在评价过程中看到同伴作品的优点。

下面是一位教师设计的阅读能力展示型档案袋评价样例。

《　　　　　》一书阅读作业单

书的作者：　　　　　　　　　书的总页数：

你最喜欢的词语和句子：

用自己的语言概括这本书的主要内容：

你最喜欢的内容：

你喜欢的原因：

教师在一个学期内布置了阅读 5 本课外书（每本书不少于 200 页）的作业，每个月开展一次展示会。学生之间互相展示自己阅读的书和自己喜欢的内容，同伴之间进行评价，最后教师进行评价。教师通过这样的活动，激励学生阅读，从而促进学生阅读能力的提高。

（三）评核型档案袋评价

评核型档案袋评价主要是以档案袋内的作品为判断学生是否达标的证据。一些不适合纸笔测试的科目常常用此种方法进行评价。

美国匹兹堡学区运用此方法对三至六年级的学生作文水平进行了评价。鉴于考试时通过一篇作文来评价学生作文水平的偶然性太大，为了更为真实地评价学生的写作水平，学区设计了档案袋评价：收集学生的 4 篇作品，一篇是学生认为最重要的作品，一篇是学生最满意的作品，一篇是学生认为最不满意的作品，还有一篇是教师随机抽取的作品。然后由专家制定相应的评分标准，对学生作品进行评价。

四、档案袋评价的优点和不足

（一）档案袋评价的优点

档案袋评价不是一次性的评价，而是会长期收集学生的作品。

第一个优点是能够兼顾学生学习的过程和学习的结果。其他评价方式，如考试，仅仅能评价学习的结果。而档案袋评价能直接在学习的进程中实施，只要做好系统的设计，依据学习的进度，适时进行评价，就能及时发现学习进程中的问题，及时补救，从而促进学生更好地学习。

第二个优点是兼顾对认知、技能、情感（态度）的评价。档案袋评价能在学习过程中适时进行，通过展示操作等方式评价一些具体的技能，如实验技能，通过观察评价学生的兴趣和学习态度。这些都是其他评价方式不能替代的。

第三个优点是激励性强，能激发学生学习的兴趣。例如，前面案例中阅读能力展示型档案袋评价就能够通过展示和评价活动，激发学生的阅读兴趣，还能增强学生的自信心，提高学生自我评价与自我反省的能力，促进学生成长与进步。

第四个优点是可以帮助学生家长了解其孩子的学习状况，如取得进步的情况及需要努力的方面等。通过档案袋评价，家长可以更好地与学校教师合作，共同为学生的发展营造良好的环境。

（二）档案袋评价的不足

档案袋评价的第一个不足是持续的时间长。从设计框架，到设计任务，到实施评价（如撰写评语），再到展示与交流，是一个持续性的过程，与只实施一次的纸笔测试相比，工作量大。

档案袋评价的第二个不足是评价的主观性强。尤其是学习进程中的评价，评价的标准多是教师自己设计的，评价的判定也一般依赖教师的主观经验，多是定性的判断，所以与定量的考试相比，具有较大的主观性，进而会影响评价的效度与信度。

档案袋评价的第三个不足是易于受学生表达能力的影响。由于档案袋评价的很多学习任务需要学生将自己的见解表达出来，一些展示活动也需要运用口头语言表达，因此学生的表达能力会影响评价结果。

第二节　档案袋评价的开发与实施

档案袋评价的开发与实施一般包括三个重要的环节：一是档案袋评价方案的研究与制定，二是档案袋评价任务的设计和评价，三是档案袋评价结果的解释和运用。

一、档案袋评价方案的研究与制定

如同考试之前要编制命题蓝图和试题一样，档案袋评价在实施之前也要进行框架与任务的设计。由于档案袋评级是一个系统的过程性评价，因此有一个系统的框架显得更为重要。为了更好地理解档案袋评价方案的内容，我们将其与命题蓝图做一比较（表8-2）。

表 8-2　档案袋评价与命题蓝图的要素比较

档案袋评价的要素	命题蓝图的要素
评价领域	评价领域
任务类型	题目类型
任务数量	题目数量
任务描述	题目特征
评分等级或评语	评分及评分标准
时间与次数	测试时间

与命题蓝图一样，档案袋评价也包括六个要素。

评价领域：这一阶段的评价包括哪些内容领域或能力领域。

任务类型：这一阶段的评价包括哪些任务类型，是表现性评定任务还是纸笔测试。

任务数量：这一阶段的评价需要学生完成的任务有多少次（个）。

任务描述：这一阶段的具体任务是什么。

评分等级或评语：这一阶段的档案袋评价采用什么方式评分，是分数、等级还是评语。

时间与次数：这一阶段的评价持续多长时间，进行几次等。

例如，表8-3是高中地理学科档案袋评价框架，详细安排了时间、评价领域、任务描述、任务类型、评分方式。

表 8-3　高中地理学科档案袋评价的框架

时间	评价领域	任务描述	任务类型	评分方式
3月	第一章　人口的变化——分析人口迁移的特点及影响因素	北京市进城务工人员群体的调查	进城务工人员访谈报告	评语＋等级

续表

时间	评价领域	任务描述	任务类型	评分方式
4月	第二章 城市与城市化——分析城市化对居民生活环境的影响	为一家三口设计购房方案	设计方案	评语＋等级
5月	第三章 农业地域的形成与发展——理解现代农业特点,分析、评价某一地区的农业选择	参观农业园	参观游记	评语＋等级
6月	第四章 工业地域的形成与发展——理解现代化工业的特点	中关村与硅谷的比较研究	研究报告	评语＋等级
7月	第五章 交通运输布局及其影响——理解交通布局,分析其影响	出行方式调查	市民不同出行方式的结构图	评语＋等级

二、档案袋评价任务的设计和评价

档案袋评价任务的设计在档案袋评价过程中是承先启后的一环。一方面,它将评价领域具体化;另一方面,它也是评价的重要载体。这一环节包括三个步骤。

首先是设计任务。教师要依据课程标准的能力要求,依据档案袋评价的框架,确定学习目标,然后依据学习目标,选择合适的任务类型。档案袋评价中的任务既包括表现性评定任务,如学生的作文、平时的演讲,也包括纸笔测试的任务,如单元测验、课堂测验等。最后教师要设计任务的评价标准。例如,一位初中历史老师为了让学生学会以历史材料为依据解释历史,设计了档案袋评价。具体任务为:让学生收集"成语中的历史""文物中的历史""材料中的历史""口述中的历史"等相关材料,制作PPT,进行课前演讲展示。具体评价框架见表8-4。

表8-4　历史学科档案袋评价框架

学期	目标	评价领域	任务类型	作品
七上	学会用口头、书面等方式陈述历史	成语中的历史	演讲	PPT、历史短文
七下	学会从多种渠道获取历史信息 初步形成重证据的历史意识和处理	文物中的历史	演讲	PPT、文物介绍
八上	历史信息的能力 理解以历史材料为依据来解释历史	材料中的历史	演讲	PPT、史料整理
八下	的重要性……	口述中的历史	演讲	PPT、访谈提纲

"文物中的历史"活动评价量规见表8-5。

表8-5 "文物中的历史"活动评价量规

评价项目	不合格 0	初步 2	基本合格 3	典范 4
选题 (2.5)	所选文物不是出自应选朝代或所选文物没有什么代表性	所选文物出自应选朝代,具有一定的历史地位、历史影响或历史意义	所选文物出自应选朝代,具有重要的历史地位、历史影响或历史意义	所选文物出自应选朝代,具有重要的历史地位、影响或意义,令人印象深刻
材料出处 (2.5)	没有提供材料出处	材料采集自网络,通过搜索引擎简单搜索得来,或材料来自书报,但格式不规范	材料若采集自网络,那么应是来自专题网站,并附完整的网址;材料若来自书报,那么引用格式基本规范(格式见后)	材料若采集自网络,那么应来自专题网站采集,并附完整的网址;材料若来自书报,那么要求引用格式完全规范(格式见后)
材料整理 (5)	演讲前没有板书提示,或文物出土地点叙说不准确,演讲时间不适度	演讲前有板书提示,文物出土地点叙说准确,演讲时间适度(3~5分钟)	演讲前有板书提示,文物出土地点叙说准确,演讲重点突出,主次分明,时间适度(3~5分钟)	演讲前有板书提示,文物出土地点叙说准确,演讲重点突出,主次分明,演讲时间适度(3~5分钟),对文物的历史阐释充分
PPT呈现 (2.5)	基本信息不齐备,或花哨,或容量不合格	标题、作者、文物名称(朝代)、材料出处等基本信息齐备,PPT不花哨,没有影响主题的配图文字	标题、作者、文物名称(朝代)、材料出处等基本信息齐备,PPT不花哨、没有影响主题的配图文字,文字量每页控制在28号字以上7行以内,幻灯片数量控制在3~4张	标题、作者、文物名称(朝代)、材料出处等基本信息齐备,PPT不花哨、没有影响主题的配图文字,文字量每页控制在28号字以上7行以内,幻灯片数量控制在3~4张,有一定的动画,总体美观
口头表达 (2.5)	基本照稿	基本脱稿,表达一般	基本脱稿,表达生动	完全脱稿,表达生动

其次是完成任务。这个过程包括教师布置任务,阐述任务的要求和评价标准。这个步骤的目的是让学生明白任务的目的,然后依据要求完成任务。这个过程注重教师的指导。

最后是展示与评价。这种评价包括教师对学生学习结果(作品)的评价,也包括学生之间的评价,还包括学生自己的反思与评价及家长的评价。

三、档案袋评价结果的解释和运用

档案袋评价结果的解释和运用一般有以下几种途径。

一是作为学期评价的重要（全部）组成部分。例如，有的学科在进行学科学业水平评价时，除了学期末的纸笔测试以外，还包括对学生学习过程中的表现的评价。一般以档案袋评价的结果作为期末总评的重要组成部分。例如，初中历史老师对学生历史学业水平的评价，就把档案袋评价的内容作为重要组成部分（表 8-6）。

表 8-6　"文物中的历史"活动评价量规

学期	档案袋评价（60%）				终结性评价（40%）	
七上	课堂表现（10%）	笔记（10%）	课前演讲 1(30%)	历史手抄报(10%)	单元测验（10%）	学期测验（30%）
七下			课前演讲 2(30%)	学年小结 1(10%)		
八上			课前演讲 3(30%)	历史绘图(10%)		
八下			课前演讲 4(30%)	学年小结 2(10%)		
九	历史人物评价(20%)				结业考试(60%)	

二是进行展示与交流，让学生自己、同伴、家长、学校相关人员看到进步与努力。例如，某小学一位英语老师从一年级就开始使用档案袋评价。每个学年结束，学生都会收到一份学习历程的档案，使学生自己和教师能够了解学生的进步，也可以使家长看到孩子的进步。一位家长看到孩子的档案袋后不禁感慨："打开孩子的英语成长夹，感动良久。 这是六年来最好的一份英语成长轨迹记录，我从中感受到了老师的坚持与用心……"

题目示例

小学五年级英语档案袋评价结果的整合与应用

1. 平时情况（60%）

（1）精读故事背诵的完成情况（10%）。

（2）泛读故事 worksheet 的完成情况（5%）。

（3）视听说课小组表演的完成情况（10%）。

（4）小组海报制作及介绍的完成情况（5%）。

（5）日常作业（包括 Spelling Bee、故事单词听写、听写改错、归纳课文、复述课文等笔头作业）的完成情况（5％）。

（6）课堂发言（包括小组活动中的表现）情况（5％）。

（7）档案袋作品的完成情况（自主阅读 I like reading、视听说课看后感、综合英语课主题作品、综合英语课单元总结，每项五分）（20％）。

2. 期末评价（40％）

三是再次精选代表作品，做成一个精美的纪念册，写上寄语，送给学生。当一个阶段结束后，教师可以将这一阶段中重要的作品精选出来，将其作为学生成长的里程碑。这些宝贵的作品可以成为学生继续努力、不断探索的动力。

四、档案袋评价的原则

（一）明确档案袋评价的目的，确定档案袋的类型

档案袋评价的目的不一样，所选择和使用的档案袋类型也不一样。过程型档案袋的目的在于记录学生进步的过程，诊断学生的问题，激励学生努力；展示型档案袋的目的是展示学生的优点和水平，培养学生的自信心；评核型档案袋的目的是鉴定学生的学业水平，为毕业与升学提供依据。在实施档案袋评价之前，一定要明确评价的目的，是诊断问题、促进学习，是展示成绩、激发兴趣，还是给学生一个真实全面的学业水平的鉴定结果。

（二）依据课程标准和学科目标，系统做好框架设计

从内容的角度，由于档案袋评价是一个系统评价，是多次、分阶段进行的评价，因此要对评价的领域进行合理的规划，既要包括内容领域，也要包括能力领域。

从时间的角度，要考虑学生在本学科的发展周期（期年段），要有系统性，循序渐进，避免点状、临时的评价。

从学生作品的角度，要注意尽可能多样地收集学生作品，避免测试卷占绝对优势。这种作品既可以是学生完成的作品，也可以是学习过程中学生活动的照片和视频。

（三）依托学科内容，结合社会实践，确定档案袋的评价内容

评价是为教学服务的，目的是促进学生发展。档案袋评价历时长，工作量大，因此实施档案袋评价要聚焦学科的核心内容，避免零散的内容，以发挥档案袋评价的价值；要注意处理好档案袋评价与其他评价方式的关

系，尤其是与纸笔测试的关系，尽量使它们之间能互补，避免档案袋成为学生成绩单、试卷的专辑；要关注培养学生综合素养的内容，避免过多的知识评价，因为对知识掌握的评价用省时省力的纸笔测试是最有效的，对综合素养和具体能力的评价用档案袋评价效果更好。

（四）确定好评价标准，注重评语

首先，标准的研制尽量具体多维。档案袋评价标准的研制非常重要。由于评价内容与纸笔测试内容有较大的不同，因此评价标准也有很大的不同。标准不仅要具体，而且要多维，能体现知识、技能、情感等。例如，表8-7是一篇"给教师的一封信"的评价标准，既包括了信的格式，也包括了内容主题、结构、句子、字词、标点及语气等多个维度。

表 8-7　"给教师的一封信"的评价标准

评价项目（教学目标）	评价	评价项目（教学目标）	评价
1 信的称呼正确		7 语言准确、能表达主题	
2 信的自称、署名、敬辞正确		8 字词正确，错别字少	
3 信的祝福的话正确		9 标点符号运用正确	
4 信的日期及格式正确		10 词语丰富、优美	
5 内容要切合主题		11 善用佳句，句型变化丰富	
6 组织段落分明		12 善用语气、语调强化主题	

其次，教师要将评价的标准传递给学生。为了让学生更好地了解标准，教师可以对标准进行讲解，让学生进行讨论，甚至在制定标准时让学生参与。

最后，要采取等级＋分数＋评语的评价形式，尤其要注重评语质量。

档案袋评价除了分数以外，用的最多的是优、良、中、差等级，还有的会用到评语，尤其是展示型档案袋评价和过程型档案袋评价，多采用评语。评语不仅要指出学生的优点和问题，而且保护学生的自尊心，激发学生继续努力的积极性。例如，有学者提出了"三明治式"的评语写作方法：写评语时，要表扬两个优点，提出一个建议，即首先要表扬的学生在某一个学习内容点上的进步，然后再表扬学生在学习态度上的进步，最后指出一个学生需要改进的地方，并且给出改进的思路和方法。例如，下面一段评语：

我喜欢你写的这篇作文，尤其是文章的结构（表扬具体内容），这表明你进行了精心的设计（表扬努力），语言方面也可以这样好。例如，在描写夏天的太阳时，你形容它是火球，那夏天的树荫是什么样的，你可以试着想想在树荫下乘凉的感受（指出思路和方法）。

五、档案袋评价需要注意的问题

调研发现，虽然档案袋评价运用得很多，但存在一些明显的问题，需要引起我们的注意。

（一）档案袋评价目的不明确

美国学者舍拉（Sheila）认为档案袋应该有以下特点：一是有目的的收集，二是学生作品和记录，三是一段时间内的进步。除此之外，档案袋评价还是合作的过程，是收集检查和使用信息的过程，是反思和促进教学的过程。舍拉对档案袋"是什么"以及"不是什么"进行了总结，见表8-8。[①]

表 8-8　舍拉对档案袋的总结

档案袋是什么	档案袋不是什么
一种经过周密思考的目标、任务和标准的结构	一个所有事物或任何事物的存放处
一个使用更多变化的、真实的、基于表现的学生能力的标识的机会	一个储存间接的、过时的读写任务的地方
一个连续的带有指导的评估过程	一个一年一次的、课堂之外的、为其他人所需要的评估结果
一个开放的、共享的、可达到的存放学生作品与进步记录的地方	一个累计的记录分数、等级和学生不能接近的秘密信息的文件夹
一个积极思考、赋予价值和评价教与学的过程	一个收集学生作品的样本的地方
一个对标准参照测验或标准化考试的补充	一个避免学习标准的判断

可以看出，档案袋第一个主要的特点是结构化的设计，这个结构包含了目标、任务和评价标准三大要素。档案袋里装的作品应出自教师有目的地设计的学习任务，而且有明确、细致的评价标准。可当前一些档案袋评价的材料杂多无序。

题目示例

某学校学生成长档案袋中应该放入的材料

基础评价：学生的基本情况、调查学生综合学力的材料，如能力、性

---

① 胡中锋、李群：《学生档案袋评价之反思》，载《课程·教材·教法》，2006(10)。

格倾向，身体、心理状况，学习习惯、策略优势等。

德育评价：学生基础道德水平及社会实践活动，如每学期的品德评定、评语；学生参加学军、学农、学工的评价；学生参与志愿者活动或社会实践活动的记录、鉴定、总结等。

学业评价：包括基础型课程、拓展型课程和研究型课程的成绩和相关图表。

个性发展评价：展示个人兴趣特长，包括体育、科技、艺术、学科等各类特长证书和竞赛获奖证书；学生个人优秀作业、最好的试卷、最满意的作文、书法作品、演讲稿、读书笔记、小论文、研究报告、科技小制作、电脑绘画作品、网页设计、自己创作的音乐曲谱、美术作品、摄影作品，参加体育赛事的记录等内容。

上面这种大而全的档案袋只是一个分类记录学生成长的袋子，把学生的所有材料都放了进去，并没有明确的教育目标，结果成为一个"大杂烩"。

（二）与学科的阶段性目标结合不紧密

档案袋评价与学业评价一样，都是为了促进学生更好地学习，因此在评价时，应该依据学科的教学目标，设计与学科教学内容相一致的学习任务，让学生进行探索。在设计档案袋评价任务时，与学科的阶段性教学目标相结合是发挥档案袋评价价值的前提。而当前的一些作品与学科的阶段性教学目标结合不紧密，所收集的作品也无法体现出学生进步的过程。

（三）收集的作品没有计划性

档案袋里的作品不仅杂乱，而且随意。有的教师让学生根据自己的喜好任意放入作品，导致作品重复；有的教师放入的东西过多，导致档案袋作品体现不出学生的问题和进步，成了荣誉册，背离了档案袋评价的初衷。

（四）没有合理的评价标准

档案袋评价的核心在于基于学生的作品，对学生学习进程中的表现进行评价。评价就要有评价的标准。当前的档案袋评价要么没有标准，要么标准简单、模糊，有的仅仅是一个分数或等级，不能评价出学习的问题和进步。有的标准仅仅由教师自己简单设计，层次性不够，无法真正诊断学生的学习现状。

第九章　计算机测验

第一节　国际背景

计算机测验已经成为 21 世纪评估的重要形式。为升学和就业做准备评价同盟（Partnership for the Assessment of Readiness for College and Careers，PARCC）、智能平衡评价联盟（Smarter Balanced Assessment Consortium，SBAC）也已成为进行资格认证的专业机构。

以往，对考生的知识、技能和能力的测验主要以选择反应试题（如多项选择题）和相对受限的表现性评定（如论文写作）为主。多项选择题往往无法测量一些方面的结构，如解决多个问题的能力、写作、呈现结论、需要独特反应的创造。因此，基于表现的任务经常被使用，建构反应试题和论文较为常见。当前评估机构会使用技术整合新题型，弥补多项选择题的缺点，测量多项选择题无法测量的方面，提高广大考生的参与性。

第二节　题型分类

计算机化执行委员会（Computerization Implementation Committee，CIC）在 2001 年指出，基于计算机的测验为提升评估模拟任务中的个体能力提供了机会。这项模拟任务对于工作场所或者班级环境来说非常重要。基于计算机的测验又被称为创新题型（innovative items）、数字化题型（digital items）、新颖题型（novel item formats），或者技术增强型题型（technology-enhanced items）。

有研究者基于限制性和复杂性将计算机题型（Computer-Based Item

Formats）分成 7×4 类，具体如表 9-1 所示。

表 9-1   基于限制性和复杂性对计算机题型的分类

程序	严格限制——————————————————————————————→宽松限制						
简单	1. 多项选择题	2. 选择/识别	3. 排序/重置	4. 替代/校正	5. 完型	6. 建构	7. 展示
	单选题	多选题	匹配题	线性题	单一数字建构	开放性选择题	项目
	替代选择	判断并解释	分类题	替代题	短语和句子完成	图像构造反应	演示实验
	常规多选	多个答案	排序题	有限图形绘图	克隆程序	概念图	讨论面试
复杂	新媒体多选	复杂多选	装配证明	错误更正	矩阵完成	论文和自动编辑	诊断教学

来源：https://pages.uoregon.edu/kscalise/taxonomy/taxonomy.html，2023-02-22.

从另一个角度来看，计算机题型可分为包含媒体的多项选择题（multiple choice with media inclusion）、基于案例的模拟和场景集成的多项选择题（case-based simulations and scenarios with integrated multiple choice items）、真假项目和二选一的强制选择题（true-false items and two alternative forced-choice items）及综述完成题（prose summary completion），具体而言，可以细化为以下几种题型。

一、多重选择反应题

多重选择反应题（multiple alternative response item）作为独立的或者某些测试的一部分，通常情况下是一个列表的多个刺激。考生从中选择一个答案，描述每一个刺激（真/假、支持/反对等）。例如，对于一个论点的证据或选项，表达"支持""反对"或"不反应"。

二、热点追踪题

热点追踪题（hot-spot item）的设计需要考生识别与计算机鼠标有关的刺激区域（鼠标点击此区域，此区域会出现状态变化或可自由操作等），以满足这一系列的要求。刺激可能是图像或文字。例题 1 是一道医生资格考试的题目，例题 2 是一道简单的数学题目。

例题 1：护士正在进行心脏评估。单击护士应听诊的区域，以较大限度地听到二尖瓣的声音。[①]

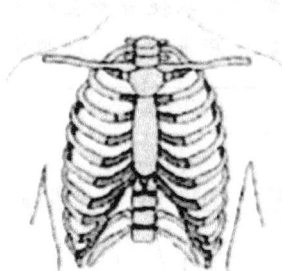

例题 2：在下面数轴上找到表示 5/3 的点。

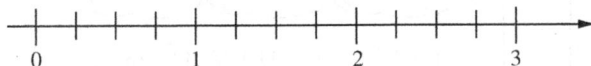

此外，还有突出显示的文本类型，这是基于文本版本的热点格式的一种变式，即选中文本中的一部分。阴影标注也是热点追踪题目的一种。

三、回答直到正确题

回答直到正确题（answer-until-correct item）首先呈现一个随机选项，要求考生判断该选项是否正确。如果考生回答"不正确"，则系统会呈现第二个随机选项让考生应答。依此类推，直到考生回答此选项"正确"为止。

四、拖拽题

拖拽题（drag and drop item）是一种常见的技术增强型试题。这种题的任务通常要求按照题目的指示在计算机屏幕上选择和移动对象。拖放响应操作有许多变式。例如，拖拽句子的顺序完成字谜，排列数学表达式，

[①] Wendt A, Kenny L E, Marks C, "Assessing critical thinking using a talk-aloud protocol," in *Clear Exam Review*, 2007, 18(1), pp. 18-27.

选择标题或信息标签的图表，拖动话语完成一个段落，按时间序列安排事件，拖动图像完成拼图等。

例题3：贾里德正在测试一个袋子可以承受多少重量。他计划将果汁瓶放入三个袋子，希望每个袋子的总重量在给定范围内。

- 将果汁瓶拖入每个袋子，以使重量在给定范围内。
- 如果给定范围内不能使用果汁瓶，则将袋子留空。

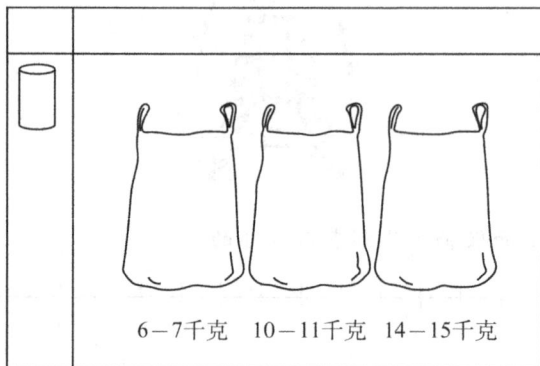

6—7千克 10—11千克 14—15千克

例题4：占比测试，请你选择适当数量的黑棋子和白棋子，使黑白棋子的关系与下图关系一致。

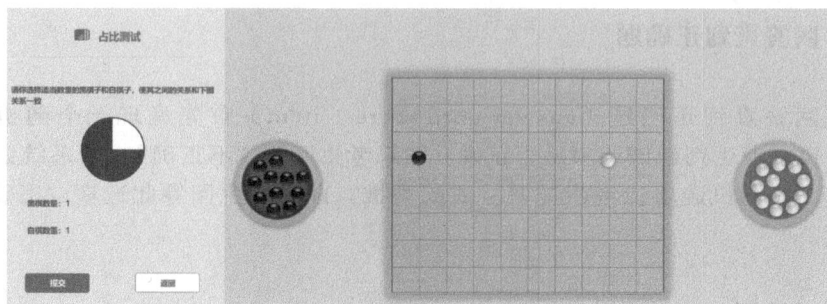

来源：北京教育科学研究院研发数学计算机测验平台

此外，还有拖拽链接题（drag and connect format item），即将不同的点拖拽到一起形成一种图形。

例题5：连线测试：请你在下图中确定出 $A(0,1)$、$B(1,4)$、$C(4,4)$、$D(5,1)$ 四个点的位置，并按照 ABCD 的顺序连接四个点，画出这个四边形。

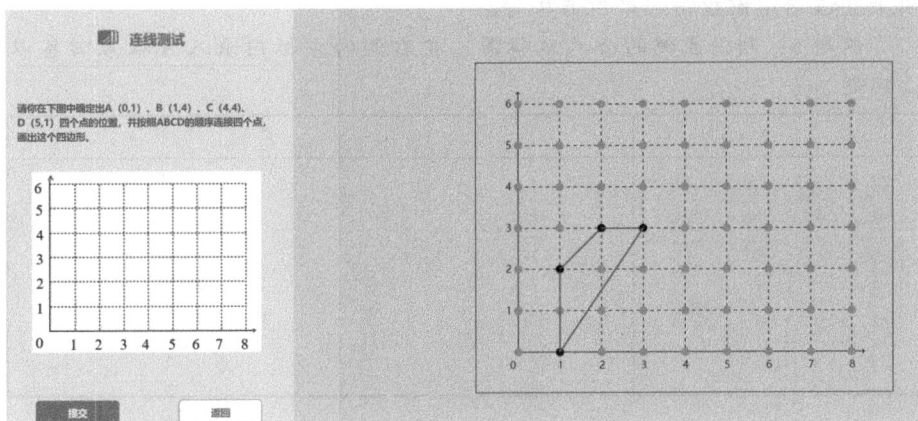

来源：北京教育科学研究院研发数学计算机测验平台

五、排序题和匹配题

排序题包括对项目进行排序并选择和分类的题目（sorting items and select-and-classify item）、原题排序题目（prototype sorting task）、创建关联树的题目（create-a-tree item）等。匹配题包括短数量建构题目（short quantitative constructed-response item）、短文本建构题目（short verbal constructed-response item）。有些题目的完成也需要通过拖拽。

例题 5：拖拽下列单词完成上面的句子。[①]

According to the Periodic Table of the Elements, [............], [............],

and [............] are three examples of noble gases.

chlorine   helium   hydrogen   krypton   neon

六、方程题

方程题（equations item）主要应用于数学、物理等理科试题，在计算

[①] Haigh M, "An investigation into the impact of item format on computer-based assessments," in International Computer Assisted Assessment conference, Southampton, USA, 2011.

机上通过给定键盘符号产生方程等。

例题 6：利用左侧的公式编辑器，在右侧的方框内录入方程来回答以上问题。

七、模拟场景题

模拟场景题（simulated scenarios item）需要基于案例的模拟、情境化，对于解决问题能力和高级思维能力的测评比较有效，但也属于计算机测验研发中的难点题型，需要更高技术水平的支持。

例题 7：人机交互口语测试，学生基于计算机问题进行口语作答。

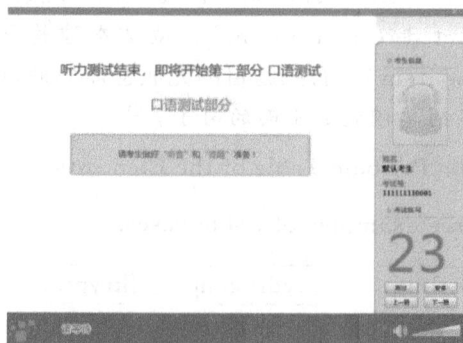

来源：北京教育科学研究院研发英语听说计算机测验平台

八、任务类题

任务类题（task class item）包括论文作品、科学实验、收集分析信息、基于计算机的全任务模拟等，如写作题、信息收集题等。

例题 8：您的目标是编写一份经过充分研究的小册子，以解释入侵植物物种的问题。该小册子将提供给您的展位参观者。[①]

- 首先单击小册子，以查看您和您的团队将制作的小册子的类型。
- 接下来，点击提示以获取有关如何撰写有效小册子的建议。

对于此项目，您将执行 4 个任务。

任务 1：收集和评估小册子的信息（5 分钟）

任务 2：为小册子组织信息（20 分钟）

任务 3：查看和修订小册子的各个部分（10 分钟）

任务 4：通过撰写两个部分来完成小册子（45 分钟）

对于计算机模拟任务，较著名的是由美国医学考试委员会（National Board of Medical Examiners，NBME）开发的用于评估未来医生的计算机实例模拟。此外，像 PISA 开发的合作问题解决题目也是模拟情境任务的典范。[②]

第三节　效度及因素

计算机测验作为一种有别于传统纸笔测验的新型测验形式，其有效性及影响因素值得我们关注和探讨。教育与心理测量标准指出，有效性代表何种程度上的证据和理论支持有效解释测试成绩，包括结构代表性、结构无关变异等影响因素。

美国教育研究协会描述了 5 个有效性证据来源，可用于评价有特定用途的考试成绩解释的有效性。这 5 个来源是基于考试内容的证据、基于反应过程的证据、基于内部结构的证据、基于与其他变量之间关系的证据和基于测验结果的证据。其中，影响计算机测验效度的因素包括心理因素、测试时间、测验环境等。

将测试放在计算机上，使用更多交互式的题目形式可能会提高学生的

① Bennett R E, "Cognitively based assessment of, for, and as learning (CBAL): A preliminary theory of action for summative and formative assessment," in *Measurement*, 2010, 8(2-3), pp. 70-91.

② Herborn K, Stadler M, Mustafić M, et al. "The assessment of collaborative problem solving in PISA 2015: Can computer agents replace humans?," in *Computers in Human Behavior*, 2020, 104, pp. 1-9.

参与度。但是新的计算机测验试题代表着一些不常见的任务，可能会引起学生的考试焦虑。在计算机测验中，学生应对试题的时间是可以测量的，这些时间可用来衡量学生的参与度。[①]计算机可以设计编程来帮助学生减轻作答压力。[②]因此，计算机测验时间和环境既是影响效度的重要因素，也可以用来减少压力或外部测试情况的负面影响。未来，更大范围的计算机自适应测验可进一步增加学生的参与度。

第四节　未来发展

计算机测验存在着很大的技术难题和挑战，也给未来测验的发展带来了更多机遇，主要包括自动评分、测验速度、测验安全、质量控制。

一、自动评分

自动评分有很多技术方法，包括心理建模、以回归为基础的方法、项目反应理论、基于规则的方法、贝叶斯网络和神经网络等。自动评分将大大提高测验的效率，但我们也应该认识到，如果每个学生的得分都是计算机容易识别的，而不是只能由人类感知的更微妙复杂的各种反应，那自动评分程序可能威胁到对有效分数的解释。同时，不能恰当衡量学生反应丰富性的自动评分，也有可能威胁到结构代表性。这些都是未来计算机测验发展必须攻克的技术难题。

二、测验速度

测验速度指在标准测试上的时间限制，这给考生作答所有试题带来一

---

① Wise S L, Kong X, "Response time effort: A new measure of examinee motivation in computer-based tests," in *Applied Measurement in Education*, 2005, 18 (2), pp. 163-183.

② Economides A A, "Conative feedback in computer-based assessment," in *Computers in the Schools*, 2009 (27), pp. 207-223.

定的压力。[①]计算机测验可以用反应时间（response times）来追踪考生作答试题的速度，测量其反应时间可以有效减少测验速度带来的压力。有效结合学生作答时间控制测验速度，减少考试焦虑，是未来计算机测验发展需要关注的问题。

三、测验安全

计算机测试环境提供了更高的安全性，测验安全性一直以来是考试领域研究的焦点议题。一道试题的答案和测试中试题的顺序可以在考生之间有所变化。当测试管理在互联网上运行时，计算机测验环境仍然存在测试安全问题，这对于极度关注测验安全的高利害考试来讲是个巨大的挑战。

四、质量控制

质量控制指对计算机测验试题的质量把控。例如，网络后台对试题的更正，对测验的熟悉程度，样题的提供，对考试焦虑的控制，程序运行时间的记录等，都属于计算机测验质量控制方面。试题的计算机化使得对测验的质量控制得到了最大化的效率保证，这是纸笔测验无法比拟的。

此外，还有对后期的影响，包括新的应试策略、考试成本、对于特殊群体的不良影响、计算机资源投入、对教学的影响等，都是未来开展计算机测验所要考虑的细节问题。

总而言之，从有效性的角度来看，未来计算机题型样式有助于提高测量的结构效度，优化学生的考试技巧。从实用的角度来看，未来易于开发快速评分且可以提高测试安全性的题型。此外，一些影响计算机测验效度的因素（结构效度、心理因素、自动评分、特殊考生、安全、质量成本、测验速度和时间、不可预料的因素等），在未来的计算机测验发展过程中也有很大的不确定性。

---

① Ying L, Sireci S G, "Validity issues in test speededness," in *Educational Measurement: Issues and Practice*, 2007(26), pp. 29-37.

第十章　高级思维能力测评

第一节　什么是高级思维能力

高级思维能力在当今的教育领域被广泛提及，无论在教育教学环节还是教育评价环节，都备受关注，相关的研究也方兴未艾。明确高级思维能力的内涵是准确评价高级思维能力的前提。本章首先简述定义高级思维能力的角度，随后对现有研究与实践中较为成熟的高级思维能力测评进行介绍。

一、基于布卢姆教育目标分类学的高级思维能力

当前教育评价领域广为使用的对于认知能力的分类是以布卢姆教育目标分类学为基础的。在记记/回忆、理解、运用、分析、评价、创造六个层级中，随着层级的升高，其所定义的认知能力的复杂程度越来越高，因此越接近高端的能力也就被认为越高级。有命题实践经验的教师可能会常常听到类似的话：要尽可能命制考查学生高级思维能力的题目，而不仅仅局限于那些通过识记、背诵就能掌握的知识。这样的表述暗含着"识记"，也就是所谓"死记硬背"之上的能力，都在一定程度上具有不同程度的"高级"属性。

广义而言，在布卢姆教育目标分类学或其修订版的理论框架视角下，"运用""分析""评价""创造"都属于高级思维能力的范畴。

二、从其他角度定义的高级思维能力

高级思维能力无疑是复杂的，不同学者和研究项目所定义的侧重点有

所不同，但其中也不乏重叠。布鲁克哈特（Brookhart）在关于高级思维能力评价的论述中，将高级思维划分为三个类别，分别是从迁移（transfer）角度定义的高阶思维能力，从审辨式思维（critical thinking）角度定义的高级思维能力，从问题解决（problem solving）角度定义的高级思维能力。①她分别引述了在这三方面有代表性的定义。从中可以看出，迁移角度的定义强调对知识的理解与应用，审辨式思维角度的定义强调具有理性的、反思性的思维过程，问题解决角度的定义强调在解决一个新遇到的问题的过程中对信息的理解、评估及提出具有创造性的方案等一系列高级思维过程。同时，她也承认这些角度的定义之间具有某些重叠。

　　上述定义的分类很容易使我们联想到"核心素养"对能力的培养要求。在教育领域，20世纪末出现了以经济合作与发展组织的"素养的界定与遴选：理论与基础"框架、联合国教科文组织的学习结果指标体系、欧盟的《终身学习的核心素养：欧洲参考框架》为代表的新时代发展背景下的人才培养目标框架。在此研究风潮的影响下，美国、英国、法国、日本、新加坡等国家相继研发了具有本土特点的人才培养框架；中国提出了"中国学生发展核心素养"，引导了课程标准、教学以及评价的改进方向。这些被普遍称为"核心素养"的框架大多提到了如"批判性思维（审辨式思维）""问题解决""创新"等在适应未来社会的发展中更为重要的能力。这些能力由于侧重"高级思维"的某一个方面，且其本身也极具复杂性，因此往往被作为独立的研究主题。

第二节　PISA 测验中的高级思维能力测评工具介绍

　　高级思维能力的评价研究随着以核心素养为代表的人才培养目标的广泛普及而备受重视，在实践领域有许多应用，其中既有大型国际测验项目，也有小规模的研究型实践。

　　在基础教育阶段，由经济合作与发展组织实施的 PISA 测验的核心目标为评估 15 岁学生是否掌握了适应未来生活的知识、能力。评价目标以经

---

　　① Brookhart S M, *How to Assess Higher-Order Thinking Skills in Your Classroom*, Ascd, 2010.

济合作与发展组织发布的"素养的界定与遴选：理论与基础"框架作为重要参考依据，每个测试周期中除了阅读、数学、科学三个固定测评领域外，还会增加其他重点关注领域。PISA 由于基础研究深入，测评理念具有前瞻性以及拥有广大的受众，因此在高级思维能力的测评方面受到了全球教育领域的关注。本章就近年来 PISA 测试所涉及的两个主要高级思维能力测评进行概述与举例，具体包括问题解决能力（OECD，2010）与创造性思维能力（OECD，2019）。

一、PISA 中的问题解决能力测验

（一）PISA 中的问题解决能力测验框架

在 2012 年进行的问题解决测验中，PISA 将问题解决定义为"一种进行认知处理的能力，个体通过这种能力了解和解决那些解决方案并不立即明晰的情况下的问题。这包括了愿意参与这种情况的意愿，并且据此实现自己作为建设性和反思性公民的潜力"[①]。基于此定义，PISA 确定了以下框架，具体包括三个领域，分别是问题情境、问题情境的特征以及问题解决的过程。

问题情境指的是问题出现的生活场景，主要包括两个维度。第一，是否涉及技术设备，即那些以与技术相关的设备功能为基础的情境，如手机、电器遥控器、自动售票机等。学生不需要了解相关设备的工作原理，而是通过题目要求探索和理解设备的功能，对控制设备或排除故障做出反应。第二，个人或社会环境，其中个人环境即那些与自我、家庭和同龄人相关的环境，社会环境泛指社会或社区环境。

问题情境的特征指的是与问题相关的信息是否完整呈现，具体包括互动式和静态式两类特征。在互动式的问题情境中，研究人员随着对问题的探索，可能会发现其他相关信息。互动式的问题在计算机测试中会得到更便捷的呈现。静态的问题情境的相关信息在一开始就完整呈现，如一些常见的逻辑题目都属于这一类。此类题目在传统的纸笔测试中运用更多，但是计算机

---

① OECD, "PISA 2012 Assessment and Analytical Framework: Mathematics, Reading, Science, Problem Solving and Financial Literacy," https://www.oecd-ilibrary.org/education/pisa-2012-assessment-and-analytical-framework_9789264190511-en, 2023-02-17.

化试题的应用也可以为这类题目提供如动画、视频等更丰富的信息。

　　问题解决的过程指的是在解决问题时应用到的认知过程，具体包括探索与理解、表征与公式化、计划与执行、监控与反思四个过程。探索与理解过程的目标是探索问题情境，寻找相关信息。表征与公式化过程的目标是将问题情境中的相关信息组织起来，并与已有知识相结合。学生可以通过建构表格、图形、符号或语言等方式来表示问题，通过识别问题中的相关因素及其相互关系来提出假设，以及批判性地评估信息。计划与执行过程的目标是为解决问题设定目标或子目标，制定实现目标的计划和步骤，并按计划执行。监控与反思过程的目标是监控实现目标的进度，并在需要时采取补救措施，以及从不同角度反思解决方案，批判性地评估信息与假设。

（二）PISA中的问题解决能力测验举例

题目示例

　　今天是艾伦的生日，他要举行一场聚会。有七人将出席，每个人都会围坐在餐桌旁。座位安排必须符合下列条件：

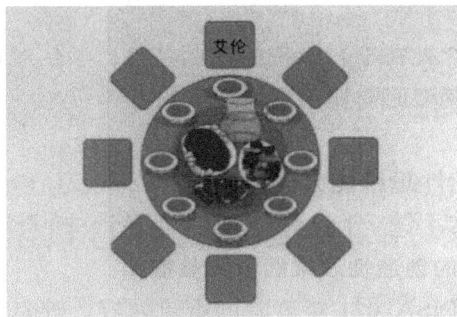

- 艾米和艾伦坐在一起
- 布拉德和贝丝坐在一起
- 查尔斯坐在黛比或艾米丽旁边
- 弗朗西斯坐在黛比旁边
- 艾米和艾伦都不坐在布拉德或贝丝旁边
- 布拉德不坐在查尔斯或弗朗西斯旁边
- 黛比和艾米丽不坐在一起
- 艾伦不坐在黛比或艾米丽旁边
- 艾米不坐在查尔斯旁边

问题：把每个客人安排在桌子周围，并满足上面列出的所有条件。使用拖放功能完成这一操作。

这是关于一场生日派对的题目，在问题情境领域属于"非技术性"和"社会性"的。本题目要求学生必须根据给定的九个条件，通过拖放客人的名字来完成座位布置安排。因此，该题目在问题解决的过程领域属于"规划和执行"。因为解决问题所需的所有信息都在一开始就给了学生，所以在问题情境的特征领域属于"静态的"。

题目的具体作答方式（拖放）利用了计算机交互：学生可以构建、回顾和修改他们的解决方案，这比以纸笔为基础的测试版本要容易得多。

这道题目采用多级计分方式。对于满分作答，学生必须找到满足所有约束条件的十二个可能的解决方案之一（如艾伦—艾米—艾米丽—布拉德—贝丝—查尔斯—黛比—弗朗西斯）；对于部分正确作答，学生需要满足约束条件中的八个（如艾伦—艾米—艾米丽—布拉德—贝丝—黛比—弗朗西斯—查尔斯。在这个答案中，查尔斯没有满足坐在黛比或艾米丽旁边的条件）。

本题目的困难之处在于有大量的限制条件，学生对符合限制条件的解决方案进行监控和调整时需要用到推理技能。

二、PISA 中的创造性思维能力测验

（一）PISA 中的创造性思维能力测验框架

创造性思维是 PISA2021 年测验的重点内容。研究者根据计算机形式的测验与调查问卷结果共同评估学生的创造性思维能力。

根据公布的测试框架报告，PISA2021 创造性思维测试中，定义了如图 10-1 所示的内容和能力结构模型。在该结构中，创造性思维能力在内容领域包括书面表达、视觉表达、社会问题解决、科学问题解决四个方面；在能力领域被分解为三个方面，即生成多样化的想法、生成创造性的想法、评估和改进想法。

就内容领域而言，研究者在综合考虑了测试对象的年龄、测试时间、测试所采用的计算机作答方式以及不同国家的文化和价值观等现实问题后，最终确定了下述四个方面的内容。

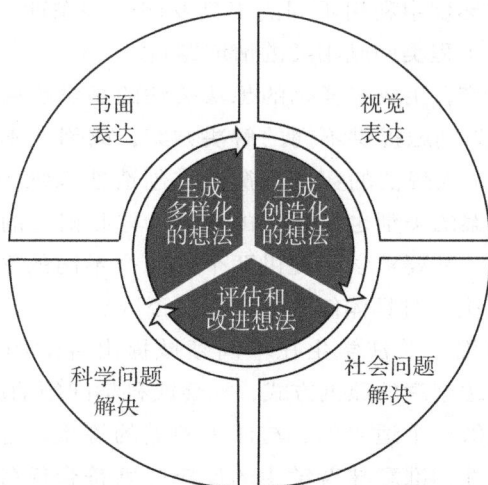

图 10-1　创造性思维内容和能力结构模型

对于书面表达，测试要求学生需要展示一种以书面形式呈现的想象能力，同时遵守题目要求，确保所表达的内容能够被不同读者理解和欣赏。测验设计者开发了一系列题目，学生要根据一些没有字幕提示的插图等材料进行开放且富有想象力的写作（限定了时间和文本长度），并对其他人的书面作品（如题目中提供的）进行原创性改进。

对于视觉表达，测试要求学生使用数字绘图工具完成具有开放性的视觉设计任务。学生将根据题目中提供的场景和题目信息（如需要考虑的具体细节、特定的某些绘图工具）进行视觉设计，以及依据提示或要求，对题目给出的既有视觉表达内容提出建议或做出原创性修改。

对于社会问题解决，测试要求学生就一个社会关注的要点问题独自或在模拟的协作场景中完成开放式问题解决任务，根据给定的情境，产生解决社会问题的想法，并对题目任务中给定的问题解决方案提出建议或做出原创性改进。

对于科学问题解决，测试中包含了不同科学背景下创造性思维的多个方面。一般来说，测试要求学生在科学背景下完成开放性的问题解决任务，根据给定的情境，为科学类问题提出假设或解决方案，并对题目中给出的特定方案提出建议或原创性的改进方案。有些题目也可能向学生展示科学现象，并要求学生提出不同的研究问题或假设来解释这一现象，或者要求学生在实验室环境中利用不同的工具发明一些东西。此外，还有与数学密切相关的或与工程类问题相关的情境题目。

就能力领域而言，生成多样化的想法关注的是学生跨领域灵活思考的能力。例如，通过为问题提供不同的解决方案，或创造不同的视觉表达方式。通常而言，一个人想法的数量是衡量其创造性思维的常用指标，但在数量的基础上，答案的类别也是重要的角度。与此相关的任务应为学生提供一种开放的情境，并要求学生提供两个或三个不同的答案。衡量学生思想多样性的标准取决于对具体任务的反应是否恰当。

生成创造性的想法关注学生在不同领域提出合适的原创想法的能力（如以视觉形式传达创意的原创方式，社会或科学问题的原始解决方案）。换言之，学生要提供一个适当的、与任务相关的答案，这一答案其他人可能没有想到。适当性标准意味着学生的反应必须符合任务的基本要求，尊重任务限制（如果存在），并反映出最低水平的有用性。这是为了确保学生真正有创造性地思考（产生既有独创性又有实用性的想法），而不是随意联想（产生与任务无关的原始想法）。与这方面相关的任务中，为学生提供一个具有开放性的情境，并要求他们详细阐述一个原创的想法。

评估和改进想法关注学生评估给定想法的局限性与改进这些想法的能力。为了减少题目之间存在依赖性的问题，学生不需要重复他们自己的想法，而是要改进或继续别人的结论。与这个维度相关的任务，为学生展示一个开放的情境，并要求他们对给定的想法提出原创的改进建议。与其他维度的任务类似，评估和改进想法的衡量标准取决于学生的反应是否恰当。在这些任务中，适当的反应必须是原创改进。原创改进被定义为保留任务中提出的想法的本质，但包含对原始元素的更改，从而合并了新的和有用的创造性想法。

（二）PISA 中的创造性思维测验举例

PISA 为 2021 年的创造性思维测试提供了样例试题。此处列举其中一组以节约用水为主题的题目，这种情境中共有 3 个问题。

题目示例

问题 1

描述三种人们可以用于节水的措施，三种措施尽量互不相同，描述要具体。

这些措施应是每个人都可以用到的。

建议完成本题目的时间不超过 5 分钟。

问题 2

你和你的朋友开发了一个智能手机应用程序，这个程序会对采取了节水措施的用户给予奖励。

现在，你需要想一个好办法推广这个应用程序，使人们愿意下载它。请想一个办法来推广你的应用程序。

这个办法尽可能是原创的，没有多少同学会想到的。

问题 3

你担心用户在使用这个应用程序一段时间之后，使用频率会降低。

你能否给这个应用程序提出一种改进方法，使用户能够保持更长时间的使用？

在下面描述你的方法。

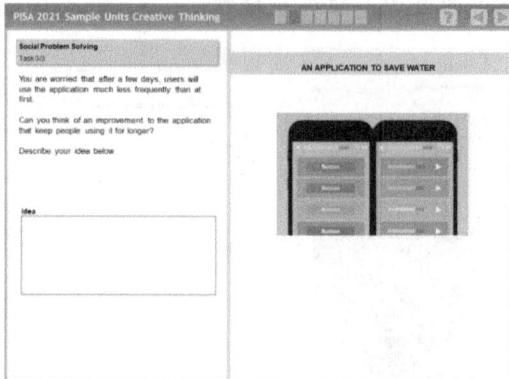

　　第一个问题要求学生想出三种不同的节水方法，根据评价框架属于"生成多样化的想法"。在评分环节，为了避免既有知识的影响，要求评分编码人员如果看到一种解决方案在某种程度上可以实现节约用水，那么无论其他解决方案是否更有效，这种想法都应该被认为是适当的。同时，为了确保想法是"不同的"，这些措施必须在实施过程中使用不同的方法、工具或有不同的参与者。第二个问题属于"生成创造性的想法"，学生应提出类似于广告策略的建议，从而成功推广应用程序。在确保独创性方面，评阅环节的编码手册中事先列出了一些传统的方法，如张贴海报、播放电视广告等。学生的回答如果可以被归入这些传统主题，那么也可被视为是原创性的。此外也认可一些非传统的方法。第三个问题属于"评估和改进想法"，要求学生对应用程序提出具有原创性的改进建议，以解决用户留存率差的问题。学生应提出一个可行的解决方案，评分者将根据该方案在主题或在方法上是否符合常规来确定其原创性。

第三部分　测验质量的评价

第十一章 评价与标准的一致性分析

第一节 一致性分析的概念及发展

一致性反映了教育系统中的各组成部分共同起作用来实现利益相关者期待的目标的程度，这些组成部分包括内容标准、学科或区域课程、课堂教学、评价（含测验）等。一致性的分析范式是指判断、分析课程系统各要素之间吻合程度的理念、程序与方法的总和。研究应用一致性的主要目的在于加强教育系统的整体协同性。

评价与标准的一致性（Alignment of Curriculum Standards and Assessments）是一致性研究系统的组成部分，特指评价工具与其所指向的课程或学业标准间的一致性。在评价和测验研究领域中，评价与标准的一致性的研究集中于内容效度环节，即对使用测量工具所得的结果进行解释的准确性程度。例如，一次有效的数学成就测验可以区分在数学上取得不同成就水平的学生。

20 世纪 80 年代，美国发起了"由标准驱动并基于标准"的基础教育课程改革，并把课程与教学的一致性作为检测州、学校是否有效落实课程标准的一项关键性指标。在推进改革的过程中，研究者认识到只有标准、教材、教学及评价等教育要素之间保持高度一致，教育系统的整体效应才能得到最大限度的发挥。为此，美国联邦政府及各州教育部门均投入大量资金用于分析、评估并加强各教育要素之间的一致性。在此背景下，1998年，美国教育部与国家科学教育委员会合作，组建了课程与评价一致性分析协会，以开发多种评价与课程标准的一致性分析模式、程序和工具。

第二节　一致性分析模式

当前国际上比较知名的一致性分析模式包括韦伯模式、Achieve 研究工具和 SEC 研究工具。详细介绍如下。

一、韦伯模式

韦伯（Weber）于 1997 年提出了 12 个判断评价与标准的一致性的技术标准，并将其分为 5 个类别：内容集中性、跨年级与年龄段的准确度、公平与公正、教学意义、系统可应用性。后来，韦伯从最初的 12 个标准中抽取与内容集中性相关的 4 个标准作为分析维度，形成了目前评价与标准的一致性研究的常用工具。核心包括框架、内容、方法。

（一）框架——描述"金字塔"结构的课程内容目标层级体系

韦伯主张，判断学业评价与课程标准的一致性，首先要对课程标准的各级目标加以描述，这样就形成了"金字塔"形的课程内容目标层级体系（图 11-1）。

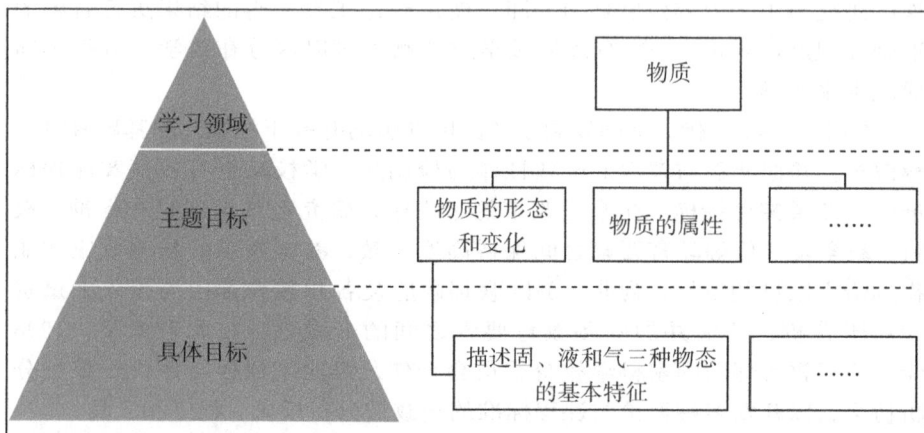

图 11-1　课程内容目标层级体系

"金字塔"的顶部是对课程内容目标的最一般描述,即学习领域,如美国科学教育标准中的"物质科学""生命科学"等;"金字塔"的中部是学习领域的下位目标,即主题目标,如"物质科学"中的"能量及其利用""力及其作用"等;"金字塔"的底部是课程标准的操作目标,即具体目标,如"能量及其利用"中"描述热能、光能、声能在传播和反射时的特性与应用"等。一般来说,分析学业评价与课程标准的一致性水平,应该依据"金字塔"结构的课程内容层级目标体系来进行。

(二)内容——确定判断一致性的四个维度

韦伯认为确定判断一致性的四个维度包括内容一致性(categorical concurrence)、知识深度一致性(depth of knowledge consistency)、知识广度一致性(range of knowledge consistency)和分布平衡性(balance of representation)。具体如图 11-2 所示。

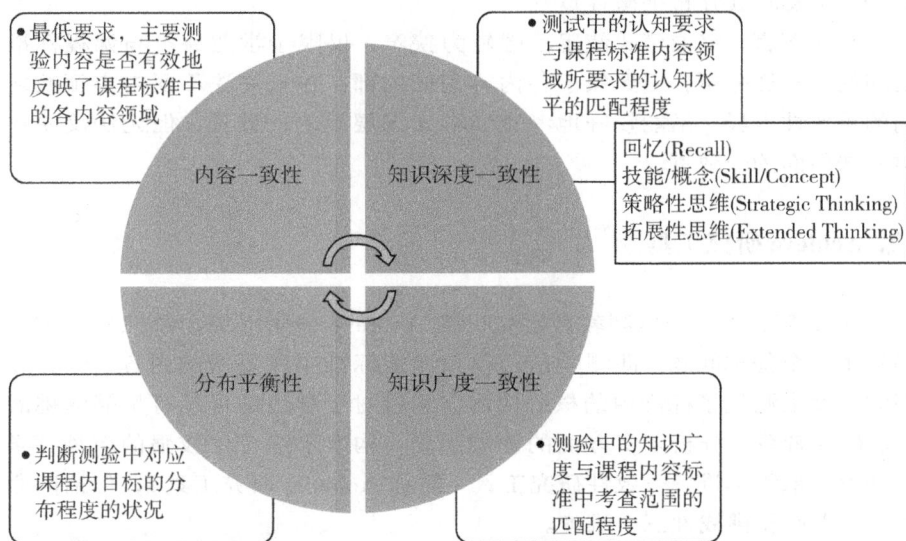

图 11-2 判断一致性的四个维度

(三)方法——确定判断一致性的四个标准

韦伯对以上内容的标准有比较清晰的界定。内容一致性的标准是,至少要有 6 道测验题目测量来自每一个课程标准的内容。例如,某物理测验考查物质的有 12 道题目,考查运动和相互作用的有 35 道题目,考查能量的有 31 道题目,符合内容一致性标准。知识深度一致性的标准是,测验与课程标准知识深度目标对应的题目至少要有 50% 符合该目标的知识深度。

例如，某物理测验考查物质的题目有 12 道，其中符合知识深度的题目有 7 道，占比约 58.3%，符合知识深度一致性的要求。知识广度一致性方面，某内容领域若至少有 50% 的学习目标得到考查，则知识广度一致性良好。例如，物理的内容标准条目有 33 条，某物理测验考查到的内容标准条目有 9 条，占比约 27.3%，这表明这次测验在知识广度一致性上有待提高。分布平衡性方面，平衡性指数值大于或等于 0.70 时，该主题下内容分布平衡性水平良好，内容效度高。分布平衡性的公式为：

$$B = 1 - \frac{1}{2} \times \left(\sum_{k=1}^{O} \left| \frac{1}{O} - \frac{I_k}{H} \right| \right)$$

其中，O 指测验样本中所有涉及的课程标准中具体知识点的数目，I_k 指对应某一具体知识点的检测题目数，H 指检测题目的总数。例如，某物理测验中，物质、运动、相互作用及能量的知识分布平衡性指数均高于 0.70，这表明其分布平衡性良好。

总体而言，韦伯模式使用范围较为狭窄，仅限于学业评价与课程标准之间的一致性分析，更聚焦于各内容领域内部，并未关注不同内容领域之间的重要性差异，虽能较好地考查学科知识层面的一致性，但无法反映科学方法层面的一致性。

二、Achieve 研究工具

2002 年，美国非营利教育研究机构 Achieve 公司围绕一致性分析需要揭示了三个基本问题，即测验是否仅仅测量标准中所要求的内容，测验在多大程度上测量了标准中的核心内容，测验对于学生是否具有足够的挑战性。研究者系统分析了多方面的影响因素，构建了综合性较强的新型"学业评价－课程标准"一致性研究工具（简称 Achieve 研究工具），包括向心性、均衡性和挑战性三个维度。

（一）向心性

向心性（centrality）反映试题所考查的学习要求与内容标准中相应学习目标的一致性水平，包括内容向心性（content centrality）和表现向心性（performance centrality）两个指标。内容向心性用于反映试题与对应学习目标在学习内容上的一致性。表现向心性用于反映试题与对应学习目标在认知要求上的一致性。依据试题与学习目标的匹配程度，向心性可分为三种不同的一致性水平：2 级—精确的一致；1 级—不精确的一致；0 级—不一致。

（二）均衡性

均衡性（balance）主要评价各内容标准及学习目标是否得到了平衡且合理的反映，包括平衡（balance）和范围（range）两个指标。平衡指标主要说明各内容标准得到反映的程度。若测验中考查不同内容标准的试题的数量之比与相应内容标准中的学习目标的数量之比较为接近，则可以认为测验较好地反映了内容标准的重要性差异。范围指标主要说明内容标准中学习目标得到反映的程度。若某内容标准中被考查的学习目标在 50%～66%，则达到可接受的程度；若超过 67%，则达到满意的程度。

（三）挑战性

挑战性（challenge）主要探析试题中所考查的认知要求是否合理地反映了内容标准的需要，包括挑战的来源（source of challenge）和挑战的层次（level of challenge）两个指标。挑战的来源指标主要关注试题能否精确地反映学生对某学习目标的掌握程度。当试题出现技术层面的错误（如描述错误、图表错误、无答案或有多个答案）或瑕疵（如背景知识影响学生解题）时，则认为其挑战性来源不恰当。挑战的层次指标主要关注试题能否合理地反映课程标准中的认知要求。若测验中考查不同认知要求的试题的比例与课程标准中不同认知要求的学习目标的比例接近，则认为挑战的层次较为恰当。

三、SEC 研究工具

2001 年，波特（Porter）等人以计划课程调查（Survey of Enacted Curriculum，SEC）数据为基础，构建了 SEC 研究工具，用于比较课堂教学与学业评价之间的一致性。具体步骤为：首先，确定描述学习内容主题和认知要求的同一语言，即"描述符"，包括学习内容主题"描述符"和认知要求"描述符"（识记、运算、阐释、推理、应用）；其次，描述学习内容主题与认知要求在教学实施中的表现水平；最后，计算一致性指数（一致性指数 $=1-\dfrac{\sum |X-Y|}{2}$，X 表示一个矩阵中的评价单元比例，Y 代表另一个矩阵中的标准单元比例）。

但 SEC 研究工具由于采用了编码基础上的比较研究方式，缺乏各要素之间学习目标的直接匹配，因此也就无法提供具有一致性的细节信息，使得定性信息不够丰富。

第三节 本土化的一致性分析工具

北京教育科学研究院主要借鉴韦伯模式与 Achieve 研究工具，依据国内外相关研究与已有的研究实践，构建了本土化研究框架，如图 11-3 所示。

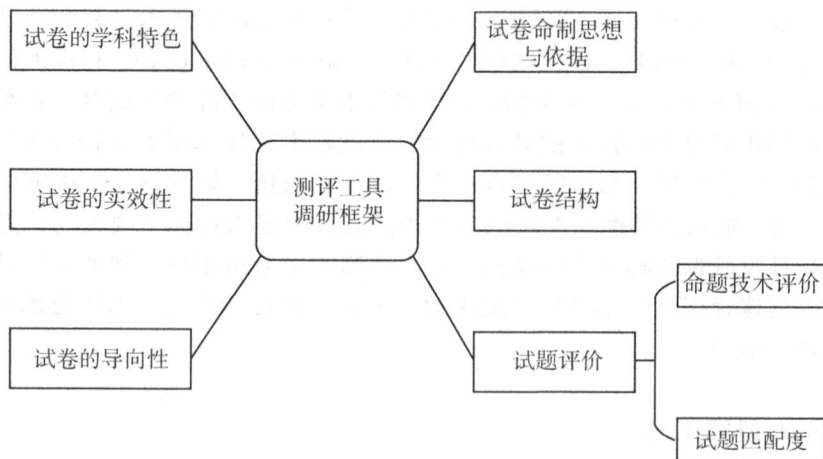

图 11-3 北京教育科学研究院研究者构建的研究框架

具体研发工具包括试卷内容评定和试题内容评定。

试卷内容评定内含考查试卷命制思想与依据的题目。例如，此试卷的命制体现教育部颁布的《全日制义务教育学科课程标准》的程度，此试卷的命制遵循学生思维发展阶段特征的程度等。考查试卷结构的题目。例如，此试卷中的考查点对课程标准要求的核心内容的覆盖程度，此试卷所考查的各知识领域间分数比例的合理性程度，此试卷所考查的各认知层级间分数比例的合理性程度等。考查试题评价的题目。例如，此试卷存在偏题、怪题或有不合理编造痕迹的现象的程度，此卷试题存在超出国家课程标准的内容的程度，此卷试题存在科学性错误的程度等。考查试卷导向性的题目。例如，此卷试题是否有利于考查学生对基础知识、基本技能的掌握情况，是否有利于考查学生解决实际问题能力的情况等。考查试卷实效性的题目。例如，此试卷是否能够测试出本年级学生的学业水平，此试卷是否能够检验出本学科的教育教学质量等。考查试卷学科特色的题目。例如，此试卷中阅读部分选取的内容呈现不同体裁的程度，此试卷中积累部分的试题体现实用性的程度，此试卷是否体现了对写字质量的检测等。

试题内容评定主要考查与课程标准的内容目标、能力目标的匹配程度，与细目蓝图的内容目标、能力目标的匹配程度。

第四节　　**实证研究**

研究团队在研发本土化的一致性分析工具的基础上，开展了一系列的实证研究。这些研究包括 2002 年，北京市各区县初中毕业升学考试测评工具，聘请 30 名学科专家对 19 个区县自主命制的 95 份初中毕业升学试卷进行评价；2009 年，北京市高中会考自主命题学校测评工具（北京市会考命题工作领导小组），聘请 66 名学科专家对中国人民大学附属中学等 10 所学校自主命制的 81 份高中会考试卷进行评价；2010－2014 年，对北京市质评系统测评工具进行评价（BAEQ 项目组），其为测验内容效度评价研究的重要环节；2014 年，开展北京市义务教育阶段教学质量测评工具评价，聘请 63 名学科专家对北京市 17 个区县 2012－2013 年小学阶段语文、数学、英语、科学、品德与社会等学科测评工具进行一致性评价分析。

下面就是对北京市区域义务教育阶段教学质量测验与课程标准的一致性分析。

受北京市教育委员会委托，全面了解各区县教育教学质量测评工具质量情况。依据国家课程标准及相关测验理论的要求，对测评工具进行相应的分析，并依据研究结果为市级、区县级提供教学指导和提高工具质量的建议。保证测评工具的科学导向性，为以后发挥诊断功能，真正有目的、有针对性地减负增效奠定基础。

研究采用专家评价判断法，以自编的试卷内容评定问卷和试题内容评定表为研究工具，进行双盲设计，评价专家与被评试卷均匿名，对北京市 17 个区县小学阶段 4～6 年级的测评工具（用于期中或期末考试、区级学业质量调研等）进行调研。调研内容包括框架、细目蓝图、试卷、评分标准、试题分析等，包括 44 套语文试卷，44 套数学试卷，43 套英语试卷，9

套科学试卷，7 套品德与社会试卷。测评结果见图 11-4 和图 11-5。

总体试题评价结果

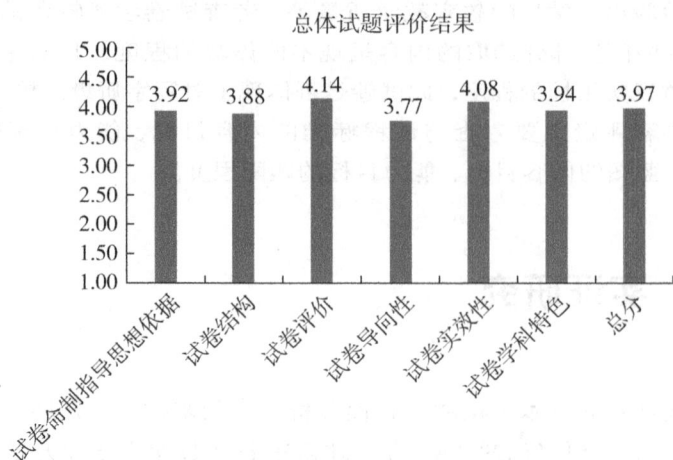

图 11-4　总体试卷评定结果

总体试题评价结果

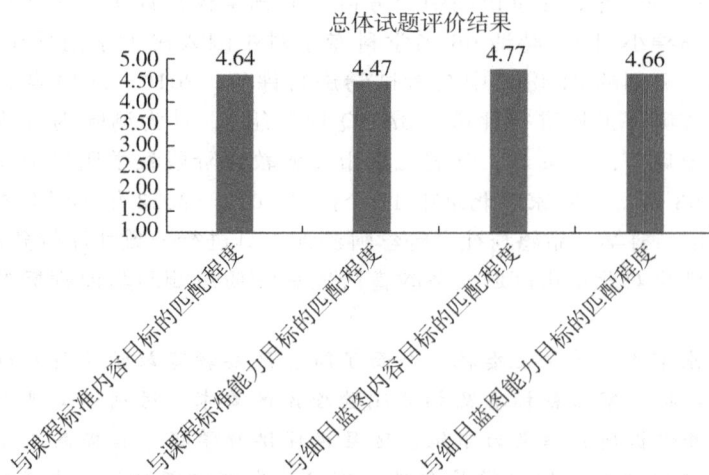

图 11-5　总体试题评价结果

研究结果显示，从试卷总体评定来看，各区县总分达到 3.97 分，整体处于一般偏上水平。分开来看，试题命制指导思想依据、试卷结构、试卷评价、试卷实效性、试卷学科特色等均在 3.9 分左右，只有试卷导向性偏低，为 3.77 分。

从试卷命制情况来看，各学科命制的试卷在试卷命制指导思想依据、试卷结构、试卷评价、试卷导向性、试卷实效性和试卷学科特色上均超过了一般水平。比较而言，试卷结构、试卷导向性相对较低，试卷评价方面相对较高。

从试题的匹配度来看，各学科命制的试题与课程标准内容目标、能力目标的匹配程度较高，有细目蓝图的试卷与细目蓝图的内容目标、能力目标的匹配程度也达到了较好匹配程度以上。比较而言，与细目蓝图的匹配程度相对较高，与内容目标的匹配程度较之能力目标的匹配程度更高。

调研分析显示的优势与问题如下。依据国家课程标准，注重课程标准与实际生活相关联；树立发展性评价观；遵循青少年认知思维发展规律。在命题观念上，有些试题超出课程标准要求，或者课程标准中未涉及；死记硬背题目过多，缺乏灵活思维性题目。在命题流程上，大部分试卷缺少命题蓝图或命题蓝图编制简易、不科学；评分标准编制简单，体现不出对学生思维等级的判断。在命题内容上，过多采用北京市考试原题或相似题等；部分试题存在较多的科学性错误；知识点考查覆盖单一，同一知识点反复测查。

针对以上问题提出的具体改进建议包括以下四点。

第一，关于标准的学习使用。课程标准：深入理解课程标准，明确课程标准的含义，注重课程标准与实际生活的联系，将其渗透到测评工具的编制中。市级测试框架：目前因各区县研究水平不齐，建议尽量采用市级测试框架（市级框架是更多的专家团队精心打造的，具有很强的标准性），做到资源的充分利用。市级学业标准：目前市级层面已经完成了部分学科的学业标准开发，接下来要结合北京地区的实际情况，开发各年级的学业标准，建立统一标准，开展市级培训解读。

第二，关于命题规范化。关注工作环节完整、流程完善、科学规范。例如，成立命题小组，明确职责，增强试卷的规范性。命题制度和流程不规范的区县，要推行审校制度，要有预测、有蓝图，规范图表及语言表述，重基础，宽覆盖，难易适中，杜绝科学性错误和低级错误。最后做到对命题进行把关，如对命题质量进行追踪评价、审查、专家评定、一致性分析、效度研究等，做到命制的试题从科学角度信效度要好，从应用角度贴近学生实际，符合课程标准要求，遵循学生思维发展规律，科学有效，有针对性。

第三，关于命题技术。①把握命题原则，研究命题技术；②提高教师命题能力。细目蓝图的编制要结合试卷命制的依据和思想，将内容标准、知识点明确渗透在细目蓝图中，为命制试题打下基础；细目蓝图中应包括知识与能力考查的双向细目（内容、题型、认知层次）及分值分配比例，主观题、客观题、评分标准的命制规则和方法等。

第四，关于测查方式。①对于实践类考查的方式，如语文口语、英语听说、科学类实验操作等，采用多元化测查手段，全面了解、掌握学生能力发展状况；②高级思维能力测查，在常规命题环节的基础上，注意对学生高级思维能力的测查，如问题解决能力。PISA 于 2012 年开始测查和分析学生具体情境的问题解决能力，这是高于学科之上的一种综合能力的测查，有待和同人一起完善。

第十二章　试卷质量分析

　　试卷质量分析是评价试卷优良程度的一个必要环节，有以下几种功能。第一，检验试卷是否达到了考试目标，即试卷是否完成了命题人员赋予它的使命，如高考的考试目标是为高校公平、科学、客观地选拔人才，义务教育质量监测的考试目标是检测学生学业成绩是否达到了国家课程标准的要求。第二，提高命题质量、试卷质量。根据分析结果，选择质量较好的题目，修正质量中等的题目，删去质量较差的题目等。第三，为诊断与改进学生学习、教师教学服务，并为设计、编写教材和教辅资料提供依据。根据分析结果，及时发现日常教学中存在的问题，并将这些信息反馈给学生、教师、研究人员或政策制定者，为今后的教学改进提供依据。

　　试卷质量分析包括定性和定量两种方法。定性分析聚焦于制作蓝图、编制题目，可划分为试卷分析和试题分析。试卷分析主要考查试卷命制的思想与依据、试卷结构、题目是否符合命题规则、试卷对于教学的导向性、试卷的实效性等方面。试题分析主要考查每道题目与课程标准、测试框架等内容目标及能力目标的匹配程度，与细目蓝图中内容目标及能力目标的匹配程度。定量分析聚焦于后期对题目的量化数据分析，通常依据经典测量理论（classical testing theory，CTT）或项目反应理论（item response theory，IRT）进行分析。CTT 中常常会采用难度、区分度、信度、效度等指标，IRT 中多采用难度（与 CTT 中难度的计算不同）、拟合度、信息量等指标。这两种理论各有利弊。CTT 相对简洁易懂，应用广泛，所需样本量较小（100—200 人即可），但其指标通常受到所抽样本的影响。IRT 的指标受抽样的影响较小，但往往需要复杂的计算和较大的样本量。因此，考虑到实用性，本章主要介绍 CTT 下试卷质量分析指标，同时会简单补充 IRT 下的一些指标。

第一节　经典测量理论

CTT（也称真分数理论）指在测验分数的基础上对测试结果进行分析，其核心的测量假设理论及方法体系是真分数理论。CTT 的数学模型为：$X = T + E$。其中，X 为观察分数，即实际测量到的分数；T 为真分数，即某种特质真正水平的分数；E 为随机误差，即观察分数与真分数的差异。CTT 构建了丰富的概念体系，主要包括难度、区分度、信度、效度等基本概念。

以下从试卷和试题的质量分析指标两方面进行详细说明。

第二节　基于经典测量理论的试卷质量分析指标

一、难度

难度主要指试卷的难易程度，通常用得分率来衡量，以难度系数 P 来表示。其计算方法为学生在试卷中取得的平均分除以该试卷的满分：$P =$ 平均分/满分。P 值介于 0—1，与试卷难度呈负相关。CTT 中的难度系数 P 的大小实则反映的是容易度，即难度系数越高，试卷难度越低。

二、分数的集中趋势和离散程度

（一）平均数

平均数是描述分数集中趋势的统计指标，反映全体考生成绩的集中情况，计算公式为：

$$\overline{X} = \frac{\sum X_i}{N}$$

通常情况下，平均数用 $\overline{X}$ 表示，即所有考生分数之和除以考生人数，其中 N 为考生人数，X_i 为第 i 个考生的分数。

（二）标准差

标准差是描述分数分布离散程度的统计指标，反映全体考生成绩的离散程度，计算公式为：

$$SD = \sqrt{\frac{\sum_{i=1}^{N}(X_i - \overline{X})^2}{N-1}}$$

通常情况下，标准差用符号 SD 表示，即考生成绩与平均分之差的平方和的均值的平方根。标准差越大，说明大部分考生的分数与平均分之间的差异越大；标准差越小，说明大部分考生的分数越接近平均分。

（三）差异系数

差异系数主要是用来比较不同单位分数（如身高和体重）或者单位相同但平均数差异较大的分数分布离散程度的统计指标。通常情况下，差异系数用符号 CV 表示，计算公式为：

$$CV = 标准差/平均数 \times 100\%$$

例如，某班级数学测验平均分是 60 分（总分 100 分），标准差是 10；英语测验平均分是 50 分（总分 80 分），标准差是 8。由于数学测验和英语测验的分数相差较大，因此数学测验的标准差和英语测验的标准差不能直接比较。这时，可以考虑使用差异系数进行学生成绩离散程度的比较。$CV_{数学} = \dfrac{10}{60} \times 100\% = 16.7\%$，$CV_{英语} = \dfrac{8}{50} \times 100\% = 16\%$，所以该班级数学成绩的离散程度相对较大。

三、分数的分布形态

（一）偏度

偏度是描述分数分布对称性的统计量，用符号 SK 表示，计算公式为：

$$SK = \frac{N \sum (X_i - \overline{X})^3}{(N-1)(N-2)SD^3}$$

其中，N 为样本量，X_i 为第 i 个考生的分值，$\overline{X}$ 为平均值，SD 为标准差。

当 $SK=0$ 时，分布是对称的，为正态分布；当 $SK>0$ 时，分布为正偏态；当 $SK<0$ 时，分布为负偏态。

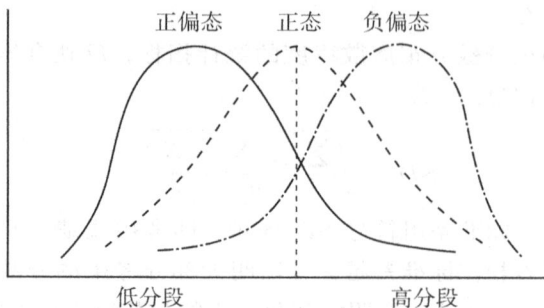

图 12-1　考生成绩分布图

学生成绩分布形态有三种，如图 12-1 所示。一为正态分布（或近似正态分布），学生成绩分布呈对称分布，低分段和高分段学生人数基本相同。二为正偏态分布，该分布中频数分布最多的数据位于分布的左侧，即低分段学生人数较多。一般情况下，在较难的测验中，考试分数会形成正偏态分布。三为负偏态分布，该分布中频数分布最多的数据位于分布的右侧，即高分段学生人数较多。一般情况下，在较容易的测验中，考试分数会形成负偏态分布。

学生成绩的理想分布形态随着测验目的的不同而不同。如果测验目的是考查学生在一段时间内的学习是否达到了国家课程标准的要求，如大规模教育质量监测测验，或者诊断学生在一段时间内的学习情况，如学校日常单元测验或者期中、期末考试，那么理想的分布形态是负偏态分布。如果测验目的是选拔少数的优秀学生，那么理想的分布形态是正偏态分布。图 12-2 是 2014 年北京市市级监测八年级地理学生成绩分布图，高分段 85—90 分的人数较多，可见监测试题的难度相对较小，为负偏态分布。图 12-3 是 2009 年大学生英语四级考试成绩分布图，高分段和低分段人数基本相同，左右对称分布，接近正态分布。图 12-4 是第 30届全国中学生物理竞赛决赛成绩分布图，低分段集中的学生人数较多，为正偏态分布。

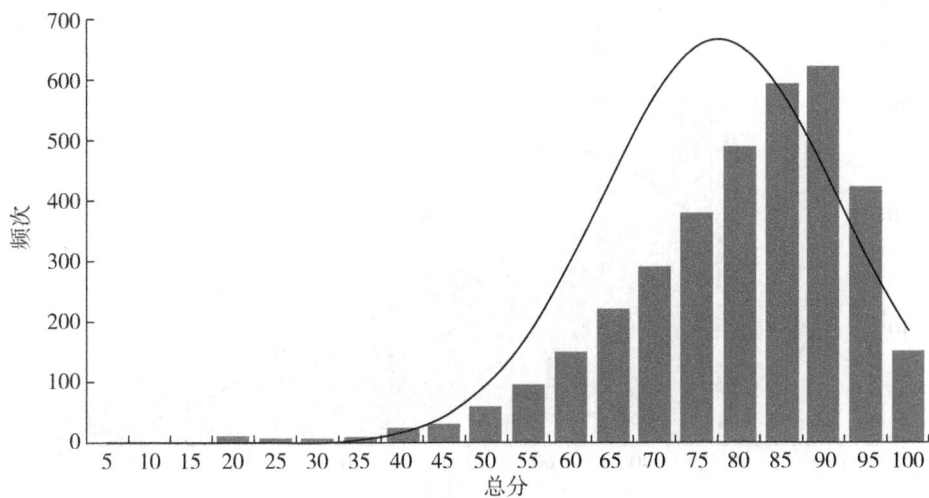

图 12-2　2014 年北京市市级监测八年级地理学生成绩

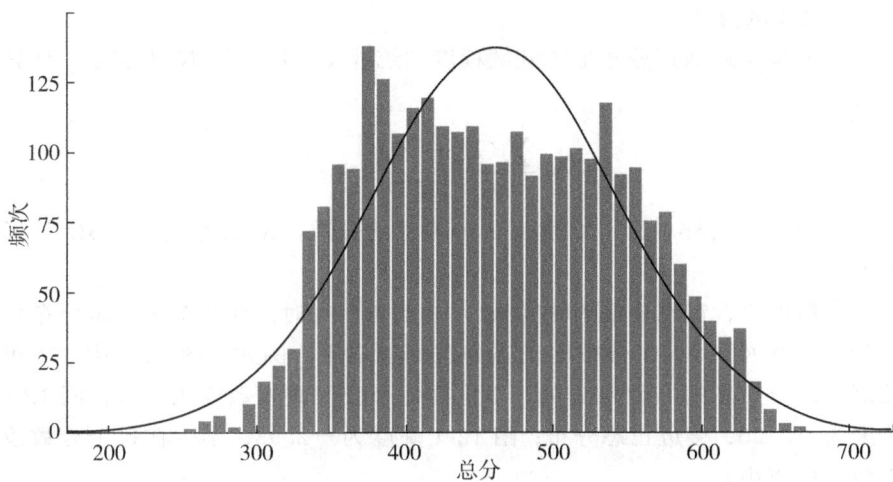

图 12-3　2009 年大学生英语四级考试成绩

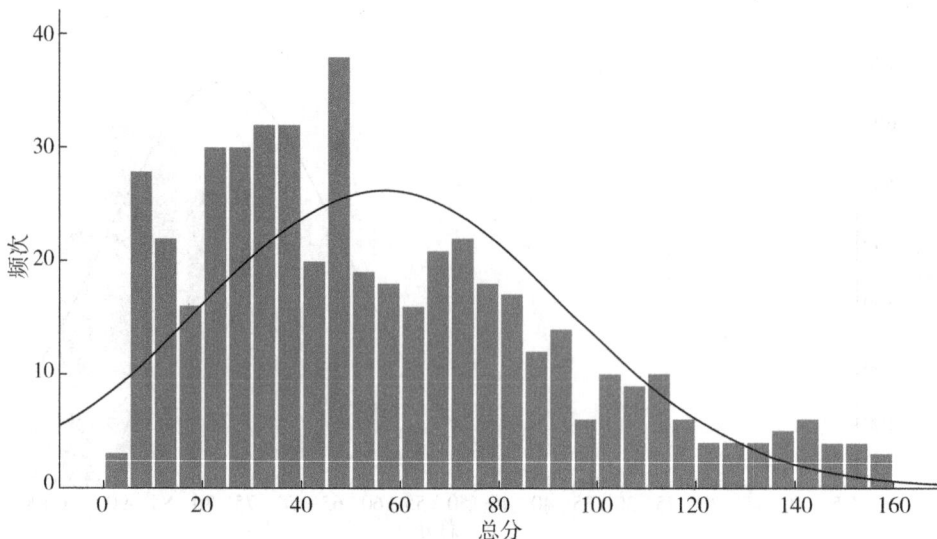

图 12-4   第 30 届全国中学生物理竞赛决赛成绩

（二）峰度

峰度是描述数据分布形态陡缓程度的统计量，用符号 K 来表示，计算公式为：

$$K = \frac{\sum (X_i - \overline{X})^4}{(N-1)SD^4} - 3$$

其中，N 为样本量，X_i 为第 i 个考生的分数，$\overline{X}$ 为平均值，SD 为标准差。

一般而言，正态分布的峰度 $K=0$；当 $K>0$ 时，其分布比正态分布更加陡峭；当 $K<0$ 时，分布比正态分布更加扁平。例如，图 12-2 中，市级监测成绩分布图的峰度为 1.93，学生在每个分段数人数变化较大；图 12-3 峰度为 -0.90，接近正态分布；图 12-4 峰度为 -2.93，学生在每个分数段人数变化较小。

总体来看，可以通过难度、平均数、标准差、最高分、最低分、偏度和峰度等指标了解学生整体的作答情况，同时结合学生分数频次分布表和分布图进一步了解学生成绩的具体分布情况。图 12-2、表 12-1、表 12-2 以 2014 年北京市市级监测八年级地理整卷数据分析为例说明。整卷难度为 0.78，满分为 100 分，学生平均分为 77.63 分，标准差为 13.97，最低分为

8 分，最高分为 100 分，分数分布为负偏态分布，45.8％的学生成绩主要集
中在 81－95 分。

表 12-1　　2014 年北京市八年级地理整卷数据分析表

满分	平均分	标准差	难度	最低分	最高分	偏度	峰度
100	77.63	13.97	0.78	8	100	−1.18	1.93

表 12-2　　2014 年北京市八年级地理学生成绩频次分布表

分数区间	人数	百分比/％	累计百分比/％
…	…	…	…
81－85	593	16.6	66.6
86－90	622	17.4	84.0
91－95	422	11.8	95.8
96－100	150	4.2	100.0

四、信度

信度是指对测量结果一致性程度的估计，是衡量测验质量的重要指
标。信度的高低对于测验性能的影响极大。在 CTT 中，信度就是一组测验
分数中真分数方差占实测分数方差的百分比。如果测量中包含很多误差成
分，那么信度就低，反之信度就高。因此，当信度系数为 0 时，测验分数
中所包含的成分全是误差，没有真正的分数。当信度系数为 1 时，测验分
数中完全是真正的分数。信度计算公式为：

$$r_u = \frac{S_\infty^2}{S_t^2}$$

其中，S_∞^2 为真分数方差，S_t^2 为实测分数方差。

在评价测验质量时，常用的信度估计方法有重测信度、复本信度、内
部一致性等。

（一）重测信度

使用同一测验，对同一组考生前后测量两次，然后计算这两次测验分
数的相关系数（皮尔逊积差相关），即可得到重测信度。此系数可以表明测
验结果经过一段时间后的稳定性。如果测验结果稳定性很高，那么表示在

第一次测验时得到高分的学生在第二次测验时也得到了高分，在第一次测验时得到低分的学生在第二次测验时也得到了低分。需要注意的是，前后两次施测时间间隔根据研究需要而变化，短则数天，长则数月甚至数年。此外，需要尽可能保证两次测验时考生状态与测试条件相同，以排除其他无关因素的影响。

例如，如表 12-3 所示，10 名学生先后两次参加某数学学业水平测验，时间间隔为 1 个月。请问此测验的重测信度是多少。（为了举例方便，此部分的例子都是小样本，而在实际应用时则要采用大样本）

表 12-3　两次测验分数表

测验	考生									
	一	二	三	四	五	六	七	八	九	十
第 1 次	89	84	96	91	79	89	91	92	85	98
第 2 次	88	83	95	92	78	87	93	94	86	97

将数据带入公式 $r_{xy} = \dfrac{\sum (X_i - \overline{X})(Y_i - \overline{Y})}{N \cdot SD_X \cdot SD_Y}$ 可知，测验的重测信度为 0.93。

需要注意的是，时间间隔的长短是影响重测信度高低的因素。除外之外，所测特质的变异性也是影响重测信度的重要因素。天生的特质（智力、性格等）在短时间内不容易产生变动，因此，重测信度通常都比较高。后天习得的特质（学习成就、态度）容易随着努力而发生变化，因此此类测验的重测信度通常较低。再有，影响重测信度的重要因素是练习效应。考生接受第一次测验后，就会熟悉测验题目的内容，甚至可能在测验结束后针对不会作答的题目寻找答案。如果经过一段时间后第二次测验又使用同一套测验，那么考生在第一次测验中的练习效应会影响第二次测验的结果。因此，对于容易存在练习效应的能力测验，尤其是成就测验，不适合使用重测信度来评估测验结果的稳定性。

（二）复本信度

复本信度又称等值系数。使用两个假定相等的复本测验，对同一组考生在尽可能短的时间内施测，然后计算这两次测验分数之间的相关系数（皮尔逊积差相关系数），即可得到相互的复本信度。两个复本测验是指两次测验在试题格式、题目数量、难度、指导语说明、施测时间等方面均相同，并且这两次测验测量相同的潜在特质或能力，但是试题内容不同。这种测验通常是根据双向细目表和蓝图，于同一时间内独立编制完成的。我们可以将复本测验中的试题看成从题库中抽样得到的样本试题，所以同一次测验可以有好几份复本。复本信度越高，表示两次测验所测量到相同的潜在特质或能力的程度越高，所使用的样本测试题目越具有所要测量内容范围的代表性。

（三）内部一致性

内部一致性是指测验内部所有题目间的一致性程度，即题目的同质性。当考生在同一测验中表现出跨题目的一致性时，就称测验具有题目同质性。例如，语文单元测验完成后，教师仔细分析学生在各试题上的表现，结果发现有一道题目，学生的作答反应和其他题目表现不同，进一步发现答对此题目的学生多半数学能力非常好。换言之，该题目虽然预期考查学生的语文能力，但是不会做此题目的学生有可能是数学能力较差，而非语文能力较差。因此这道测验题目所测量的特质与其他题目不符，题目一致性较差，内容一致性信度较低。

计算内部一致性的方法通常有两种：分半法和内部一致性系数。

1. 分半法

分半法是指把一份测验按照一定的方法分成两个尽可能平行的半份测验，然后计算这两个半份测验分数之间的皮尔逊积差相关系数，即可得到分半信度系数。分半的方法主要有以下四种：①随机把题目编制成两套半份测验；②直接按照题目的序号分半，将奇数序号的题目划定为测验1，偶数序号的题目划定为测验2；③在考生作答的基础上，按照题目难度系数（P值）排序得到难度序号，然后将难度序号为奇数的题目编制成测验1，难度序号为偶数的题目编制成测验2；④对题目内容进行分析，把在内容上相互匹配的题目分为两套半份测验，然后对每名考生的两套（两半）测验独立记分，计算两组分数之间的相关系数。

由于分半法有可能低估原长度测验的信度（因为每个分半测验的题目数量仅为原测验题目数量的一半，所以测验信度有所降低），因此需要采用斯皮尔曼-布朗公式（Spearman-Brown）对分半信度系数进行校正，从而获得原长测验的信度系数。

斯皮尔曼-布朗公式为：

$$r_{tt} = \frac{2r_{hh}}{1 + r_{hh}}$$

其中，r_{hh} 是分半信度系数，r_{tt} 是测验在原长度时的信度估计值。

例如，请估计表 12-4 中由 6 道题目所组成的小测验的分半信度。

表 12-4 分半信度计算表

考生	题目编号						分测验 A（奇）	分测验 B（偶）	总分
	1	2	3	4	5	6			
1	0	0	0	0	0	0	0	0	0
2	0	0	0	0	1	0	1	0	1
3	1	0	1	1	1	0	3	1	4
4	1	1	1	1	1	1	3	3	6
5	1	1	1	1	1	1	3	3	6
6	0	0	1	0	0	0	1	0	1
7	0	0	1	1	1	0	2	1	3
8	0	0	0	1	0	0	0	1	1
9	1	0	1	0	1	0	3	1	4
10	0	1	0	1	0	1	0	3	3
平均数							1.60	1.30	2.90
标准差	$r_{hh}=0.34$		$r_{tt}=\dfrac{2(0.34)}{1+0.34}+0.51$				1.28	1.19	2.02

分半法还存在一个明显的不足，即将题目划分为两半的方法很多，算出来的分半信度系数并不一定相同。

2. 内部一致性系数

基于题目协方差方法指以题目统计量为基础，利用每道题目的方差或协方差来计算信度系数的方法。最为常用的基于题目协方差方法是克伦巴赫 α 系数，又称内部一致性系数，计算公式为：

$$\alpha = \left(\frac{n}{n-1}\right)\left(\frac{S_t^2 - \sum V_i}{S_t^2}\right)$$

其中，n 是测验题目总数，S_t^2 是整个测验总分的方差，V_i 是每个测验题目的方差。

例如，仍以表 12-4 中的题目为分析对象，请算出测验的克伦巴赫 α 系数：

$$n = 6 \quad S_t^2 = 4.54 \quad \sum V_i = 1.5$$

$$\alpha = 0.80$$

由于克伦巴赫 α 系数不仅适用于二级计分题目，也适用于多级计分题目，因此广为测验编制人员所使用。克伦巴赫 α 系数是所有可能的分半信度的平均数，但它只是测验信度下界的一个估计值，即 α 值大，必有较高的信度，但 α 值小，却不能判定信度不高。

（四）信度相关问题

测验信度系数达到多高才能算是一份可靠的测验，其实并没有标准答案，主要还是根据测验的目的来决定。一般而言，能力特质的定义比较清楚，且能力测验往往有明确的答案和评分标准，因此信度通常比较高。能力测验或者成就测验的信度最好能在 0.8 以上。而某些测验受到多种因素影响，可能造成信度偏低。例如，性格量表中的题目不仅受到性格特质的影响，而且受到情境因素的影响，因此性格量表的信度会比较低，信度在0.7 以上的性格量表基本能够令人满意。

此外，影响信度的因素很多，包括测验本身、考生与评分者、测验情境以及信度估计方法等。这里只简单介绍测验本身。首先，测验内容是否同质会影响信度的高低。例如，高考语文测验主要测量学生的语文能力，因此这种测验的信度较高；高考理综或者文综测验包含了不同学科，测量学生不同的学科能力，因此这种测验的内容一致性信度会略微偏低。除此之外，测验题目的多少会影响测验信度的高低。例如，表 12-5 中，八年级地理试卷整卷的信度系数为 0.886，地球地图、世界、乡土、中国等各内容领域的信度系数整体略低。在实际情况中，为了提高信度，只能考虑在有限作答时间内增加测验的题目数。最后，测验难度分布越均匀，测验信度越高。

表 12-5　2014 年北京市监测八年级地理整卷及各维度的内部一致性信度

内容领域	题量	内部一致性系数
地球地图	9	0.439
世界	17	0.775
乡土	4	0.650
中国	16	0.742
整卷	46	0.886

五、效度

效度即有效程度，指一个测验能准确测出所需测量的特质的程度，是衡量测验质量的重要性指标之一。在经典测验理论中，效度是一组测验分数中由所测量的心理特性引起的方差占实测分数方差的百分比，计算公式为：

$$r_{tt} = \frac{S_{co}^2}{S_t^2}$$

其中，S_{co}^2 为由所测量心理特性引起的方差，S_t^2 为实测分数方差。

$S_{\infty}^2 = S_{co}^2 + S_{sp}^2$，由前面信度公式可知 S_{∞}^2 为真分数方差。效度公式考虑到系统误差的影响，将真分数方差进一步划分为由测量心理特性引起的方差 S_{co}^2 和由与所测量特性无关的因素引起的方差 S_{sp}^2。因此，结合上一部分的信度公式（$r_{tt} = \frac{S_{\infty}^2}{S_t^2}$）可以判断出，就信度与效度的关系而言，高信度是高效度的必要不充分条件，即信度高，效度不一定高，然而效度高，信度一定高。

寻求效度的过程，就是寻求证据的过程，且每次测验也需要各种来源的证据。在评价测验质量时，根据证据来源的不同，常用的效度估计方法有内容效度、结构效度、效标关联效度等。

（一）内容效度

内容效度即测验题目对于整个测验的知识范围和能力范围的代表性程度，对有关知识、能力或行为范围取样的适当性。例如，依据国家课程标准的内容，某个年级的学生要学习掌握 200 个知识点或能力要点。然而，由于受时间限定，学年终期测验仅能涵盖考查其中的 60 个要点。只有当这 60 个要点能够代表要求掌握的 200 个要点时，测验结果才会有比较高的内容效度。如果所选择的要点的代表性不好，未能涵盖主干知识与能力，就会影响到测验的内容效度和测验分数的解释意义。因此，要给予大规模学业成就水平测试的内容效度特别关注。

测量内容效度常见的方法是专家评定法，即一组专家（非测验的编制者，但对于所测量的内容领域非常熟悉）独立地判断测验题目是否对所考查的领域有良好的取样代表性，换言之，对测验题目与所涉及的内容范围是否适当进行判断。这是一种定性分析的方法。以学业成就测验为例，学科专家首先对课程标准和教材有全面了解，然后对测验题目进行系统比较，评估题目是否能代表所考查的内容。具体步骤如下：①定义好内容总体，并描绘出有关知识与技能的轮廓；②划分细纲目，并根据重要性规划好各个纲目的加权比例，做出尽可能详细的描述；③确定每道题所测的知识与技能，将自己的分类与测验编制者的纲目做比较；④制定评定量表，从各方面对测验做出评定。

（二）结构效度

结构效度即测验能说明教育学或心理学上的理论建构或特质的程度。其中，结构是指用以解释人类行为的理论框架或心理特质，是心理学中抽象的假设性的概念、特性或变量。例如，在 PISA2003 数学中，构想主评价领域由空间与图形、变化与关系、数量、不确定性四个维度结构组成，每个维度下均有若干测量题目。如果来自结构效度的数据分析表明确实如同构想，则说明有较高的结构效度，否则结构效度较低。

与内容效度不同，结构效度的验证首先要求对所研究的结构或特质进行界定（建立理论框架），再说明此结构或特质的心理学意义。当前教育测量领域多采用验证性因素分析方法来对结构效度进行说明，并通过深入考查跨样本来调查内部结构的一致性和稳定性。

（三）效标关联效度

效标关联效度又称准则关联效度，即要检验的测验分数与效标分数之间的相关性和一致性。效标是检验效度的重要参照，同样反映了测验所要测量的特性，但通常以另外的测验分数或活动来表示。例如，为了得到某大规模（国家层面）学业成就测验工具的效度，可以以学校期末考试成绩为效标，通过计算两者间的相关系数来表示效标关联效度。事实上，两者互为效标。如果相关系数高，则说明效标关联效度高，反之则低。常用的相关系数主要包括皮尔逊积差相关系数、二列相关系数等。

例如，假设有 10 名学生同时参加了国家层面的大规模学业成就测验和学校期末考试，结果如表 12-6 所示，现问国家层面测验的效标效度情况。

表 12-6 国家测验和学校测验成绩

国家测验	考生									
	一	二	三	四	五	六	七	八	九	十
	544	688	443	567	600	583	495	507	641	468
学校	合格	合格	不合格	不合格	合格	合格	不合格	合格	合格	不合格

由于在国家层面和学校层面的两个测验结果中，国家层面结果是连续变量，学校层面结果被人为地划分为合格与不合格两种类型，因此，要采用二列相关系数来计算效标关联效度。二列相关的基本公式为：

$$r_b = \frac{\overline{X}_p - \overline{X}_q}{S_Y} \cdot \frac{pq}{Y}$$

其中，变量 X 表示在某列二分变量上的表现（本例中为学校期末考试成绩），变量 Y 表示某测验总分（本例中为国家层面测验）。$\overline{X}_p$ 可被看成与二分变量中的一个值相对应的测验总分 Y 平均数（如当 X 为合格时或 X 为不合格时），$\overline{X}_q$ 可被看成与二分变量的另一个值相对应的测验总分 Y 平均数（如当 X 为不合格时或 X 为合格时）。p 和 q 分别是变量 X 两个值各自所占的比率，$p+q=1$。S_Y 是连续变量测验总分的标准差。Y 是 P 的正态曲线下纵轴高度（本例查正态分布表得 $Y=0.3867$）。将数据带入公式可得，测验的二列相关的效度系数 $r_b=0.72$。

第三节　基于经典测量理论的试题质量分析指标

一、难度和区分度

（一）难度

试题难度的计算与该题目的计分类型有关。一般情况下，题目计分方式有两种。一种为二级计分。二级计分题目主要包括选择题、匹配题、填空题等，答对给满分，答错不得分。 另一种为多级计分题目。多级计分题目包括简答题、解答题、论述题、作文题等，在得 0 分与得满分两个等级之间，还有得到不同分数的等级情况。

多级计分试题难度的计算公式与试卷难度的计算公式一致，为此题目的平均分除以该题目的满分。难度系数 P 值越高，题目难度越低，计算公式为：

$$P_i = \overline{X}_i / A_i$$

P_i 为题目 i 的难度系数，$\overline{X}_i$ 为题目 i 的平均得分，A_i 为题目 i 的满分值。

例如，10 名学生参加某数学测验，其中一道计算题的满分是 5 分，10 名学生在此题上分别得 5 分、5 分、2 分、1 分、0 分、4 分、3 分、2 分、5 分、5 分（表 12-7），此题的难度为 0.64。

表 12-7　数学测验成绩

学生号	一	二	三	四	五	六	七	八	九	十	难度
分数	5	5	2	1	0	4	3	2	5	5	0.64

所有类型题目的难度均可用以上公式来计算，对于二级计分题目有相对更简单的计算公式：$P_i = R_i/N_i$。其中，R_i 为对题目 i 做出正确回答的人数，N_i 为对相应题目 i 作答的总人数。例如，10 名学生参加某数学测验，一道选择题的满分是 2 分，10 名学生在此题上分别获得 0 分、2 分、0 分、0 分、2 分、2 分、2 分、0 分、0 分、0 分（表 12-8），此题的难度为 0.4。

表 12-8　数学测验成绩

学生号	一	二	三	四	五	六	七	八	九	十	难度
分数	0	2	0	0	2	2	2	0	0	0	0.40

（二）区分度

区分度是指测验题目区分考生水平高低的程度。区分度高的题目，能够有效区分不同水平的考生；区分度低的题目，则不能有效区分不同水平的考生，表现为水平高和水平低的考生得分较为接近。区分度是衡量题目质量的主要指标之一，是编制测验时筛选题目的重要依据。目前，被广泛采用的区分度指标主要有鉴别指数与题总相关系数，其数值均处于 −1—1。

1. 鉴别指数

鉴别指数是题目区分度的统计指标之一，通常通过计算，由高分组和低分组在某道题目上的通过率或得分率之差得到。步骤如下：首先，将考生按照在某常模参照测验中的总分从高到低进行排序，将名次位于前 25%—33%（其间任意百分比）的学生划分为高分组，名次位于后 25%—33%（其间任意百分比）的学生划分为低分组；其次，分别计算高分组和低分组学生的通过率（针对二级计分）或得分率；最后，按照公式 $D = P_H - P_L$ 计算即可得到鉴别指数 D，其中，P_H 为高分组的通过率或得分率，P_L 为低分组的通过率或得分率。

例如，100 名学生参加测试，计算一道选择题的鉴别指数。高分组定义为前 27% 的学生，低分组定义为后 27% 的学生。高分组的 27 名学生中，有 25 名学生答对。低分组的 27 名学生中，有 15 名学生答对。

鉴别指数 $D = 25/27 - 15/27 = 0.93 - 0.56 = 0.37$。

在标准参照测验中，可以将考生按照最后报告的学业成就水平等级进行分类，从而划分为优秀水平组和非优秀水平组、良好以上水平组和非良好水平组、合格以上水平组和不合格水平组等，即按照学业水平等级类别进行划分，得到某题目对应于相应两个群体的区分度情况，如 $D_{优秀}$、$D_{良好}$、$D_{合格}$ 等来说明其对每个学业水平群体的鉴别能力情况。由以上基本原理与思路，可以得到衍生公式：

$$D_{合格} = P_{合格组} - P_{不合格组}$$

得到优秀水平与良好水平的鉴别指数的方法与此类同。

例如，全班 10 名学生参加语文测试，成绩见表 12-9，合格分数线为 62 分，计算其中一道选择题的合格鉴别指数（答对 1 分，答错 0 分）。

表 12-9　语文测验成绩

编号	选择题得分	总分
1	1	88
2	1	77
3	1	65
4	0	62
5	0	56
6	1	57
7	0	40
8	1	77
9	1	80
10	1	55

①根据合格分数线将学生分为合格组和不合格组。

②合格组中共 6 名学生，5 名学生作答正确。

③不合格组中共 4 名学生，2 名学生作答正确。

④$D = P_{合格组} - P_{不合格组} = 5/6 - 2/4 = 1/3 = 0.33$。

1965 年，美国教育测量学家埃贝尔（Eebel）根据长期经验提出用鉴别指数评价题目性能的标准：题目的鉴别指数在 0.40 以上表明该题的区分度优良；0.30—0.39 表明该题的区分度较好；0.20—0.29 表明该题的区分度不太好，需对题目进行修改；0.20 以下表明该题的区分度欠佳，应被淘汰。现在学者普遍认为是否淘汰题目，还要结合测验性质而定。例如，如果是以追求最大区分度为目的的常模参照测验，那么区分度不佳的题目大多应该被淘汰；如果是以追求对测查领域最佳代表性为目的的标准参照测验，那么对于区分度不佳的题目则要慎重结合具体的内容考查点进行考虑，如考查点是某领域中有代表性的、应知必会的内容，只要其区分度不为负值，则可以保留。

2. 题总相关系数（r）

题总相关系数是体现题目区分度情况的指标之一，通常通过计算某道题目的得分与测验总分之间的相关系数得到。题总相关系数越大，说明区分度越高。根据题目得分类型与测验总分类型的不同，采用的相关系数主要有两种：点二列相关系数和斯皮尔曼相关系数。

点二列相关系数：当题目为二级计分、测验总分为连续分数时，可采用点二列相关公式计算区分度，计算公式为：

$$r_{pb} = \frac{\overline{X}_p - \overline{X}_q}{S_Y}\sqrt{pq}$$

其中，变量 X 表示在某道二级计分题目的得分，变量 Y 表示某测验总分，$\overline{X}_p$ 可以被看成与二级计分题目中的一个值相对应的测验总分 Y 平均数（如当 $X=0$ 时或 $X=1$ 时），$\overline{X}_q$ 可以被看成与二级计分题目中的另一个值相对应的测验总分 Y 平均数（如当 $X=1$ 时或 $X=0$ 时）。p 和 q 分别是变量 X 两个值各自所占的比率，$p+q=1$。S_Y 是连续变量测验总分的标准差。

皮尔逊积差相关系数：当题目和测验总分都采用连续分数计分时，可采用皮尔逊积差相关系数来计算题目的区分度，计算公式为：

$$r = \frac{N\sum XY - \sum X \sum Y}{\sqrt{N\sum X^2 - \left(\sum X\right)^2} * \sqrt{N\sum Y^2 - \left(\sum Y\right)^2}}$$

其中，变量 X 表示在某题目上的得分，变量 Y 表示某测验总分。

由基础原理可知，区分度指标理论上应介于 −1.00—1.00。如果题目太容易，高分组和低分组都能答对，两者的差值为 0；如果题目太难，高分组和低分组都答不对，两者的差值也为 0。这一结果说明此类题目不能区分高低水平者，即极端容易和极端难的题目均没有良好的区分度。如果高分组都通过了，低分组都未通过，则区分度值为1，这是最为理想的情况，但在现实中很难实现。如果低分组都通过了，高分组反而都未通过，则区分度值为－1。无论是对于鉴别指数还是相关系数，区分度为负值的情况，要引起极大的关注。在排除题目答案错误的情况下，区分度为负值的题目应被删除。虽然对于标准参照测验来说，区分度不是唯一考虑的目标，但是也应避免负值的出现。

此外，在有些情况下，为了提高区分度指标计算结果的精准性，特别是对那些占有较大分值比例的多级评分题目，将每个学生的测验原始总分减去要求计算区分度的题目得分的结果作为题总相关中的总分Y。例如，计算大规模测验中某道论述题的区分度，如果此测验原始总分为100分，此道题目的总分为20分，那么，在求区分度时使用的计算总分为80(100－20)分。

（三）区分度与难度的关系

从统计学的角度来说，区分度与难度的关系极为密切。若题目偏难，则考生的得分普遍偏低，整体测验分数分布曲线呈正偏态，难以有效识别出能力较低的学生。若题目偏易，则学生的得分偏高，整体测验分数分布曲线呈负偏态，难以有效识别出能力较高的学生。在这两种情况下，题目的区分度均较差。当难度继续趋近两端时，即P趋近0或1，区分度趋近于0；当难度趋近0.5时，区分度趋近最大，即D趋近1或－1。由于区分度为负值的题目会被删除，因此难度适中的题目，即难度接近0.5的题目区分度最佳。区分度与难度的关系如图12-5所示。

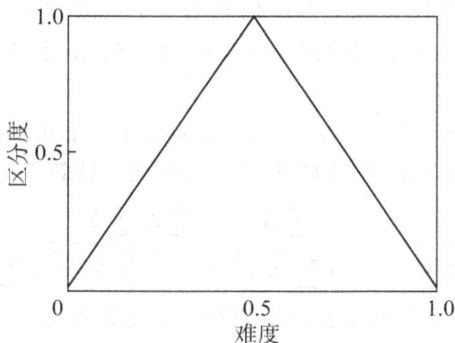

图 12-5   区分度—难度关系图

二、选择题选项分析

与其他题型相比较，选择题可进一步进行选项分析（或称选项的诱答力分析）。选择题的选项包括正确选项与干扰选项（错误选项）。干扰选项具有迷惑某些知识不完整、概念不清晰的学生的作用，即诱答力作用。如果干扰选项能够充分发挥诱答力作用，则能提升题目的区分度。因此，编制题目时，要特别关注干扰选项的编制技巧和经验。

分析干扰选项的诱答力，通常通过计算具有不同能力水平的学生在每道题目上选择干扰选项的次数后，再进行判断。可按照计算区分度时所定义的高低分分组，或者可按照学业成就水平测验中的优秀、良好、合格、不合格水平进行分类。

选项分析的基本假设：在测验总分上表现好的学生群体选择正确选项的百分比相对较高，选择干扰选项的百分比相对较低。依据假设，进行选择分析的基本假设如下。

第一，如果正确答案被所有考生选择，说明题目过于容易，且没有区分度，推断题目中可能有某种暗示。

第二，如果高分组对正确答案的选择与低分组相等或低于后者，说明鉴别指数很小或为负数，推断所考查的东西与水平无关或标准答案错了。

第三，如果一道题目考生未答人数过多或选择各个备选答案人数相等，说明题目过难，或题意不清，使得考生无法作答或凭猜测作答。

第四，如果某干扰选项没有考生选择，说明该选项不具有干扰性，错得过于明显。选择比例低于 2%，可考虑修改或删除（对于具有诊断性的测验，意味着损失了一次机会）。

第五，如果所有考生都选择了同一个干扰选项，可能是编制测验时把答案定错了，也可能体现了教学中的错误。

题目示例

在横线处填入句子，恰当的一项是（ ）。

青少年应该趁早做好自己的职业规划，打造自己的职业前景，明确自己的职业方向，正如老师劝诫我们的____。

A. 少壮不努力，老大徒伤悲   B. 一年之计在于春，一日之计在于晨

C. 行百里者半九十   D. 莫等闲，白了少年头，空悲切

本题是中学语文学科阅读与积累领域的一道选择题，主要考查积累常

用词语（成语）、名言警句等语言材料的能力，满分为 2 分。

作答情况为：选择 A 选项的学生占 21.2%，选择 B 选项的学生占 37.3%，选择 C 选项的学生占 4.2%，选择 D 选项的学生占 37.3%。此题给定的参考答案为 B 选项，但是选择 D 选项的学生比例与选择 B 选项的比例都较高，通过分析可以发现 D 选项可能也是正确答案。

第四节　项目反应理论

IRT 由美国教育测量学者洛德（Lord）于 1952 年提出。虽然 IRT 的数学公式相对比较复杂，但是与 CTT 相比，其有以下三个优点。第一，题目参数不受样本的影响。这是 IRT 最主要的优点。具体来讲，基于 CTT 的试卷分析，一次相同的数学测验，对数学能力水平较高的群体学生来说，难度可能很低，但是对于那些数学能力水平较低的学生群体来说，难度可能很高，却具有更高的区分度。而基于 IRT 的题目难度、区分度等统计指标不会因样本的不同而发生变化。第二，充分反映考生的能力。具体来讲，如表 12-10 所示，5 道难度不同的题目中，学生 A 和学生 B 同样做对 4 道题目，但是学生 A 做错的是一道较易题目，学生 B 做错的是一道较难题目。基于 CTT，学生 A 和学生 B 均会获得 4 分（每题 1 分，满分 5 分）。而这时基于 IRT，学生 A 的能力值会高于学生 B。可见，IRT 在估计学生能力的同时考虑到了题目特征对能力估计的影响。第三，将题目难度和学生能力放在同一个尺度上。该理论更适合用到选择和考生能力匹配的试题，如计算机自适应测验。因此，即使考生做不同的测验题目，其分数也可以直接比较，而且，使用较少的题目就可以达到良好的估计精度，这是传统测验达不到的。

表 12-10　CTT 和 IRT 对比

题目	难度	学生 A	学生 B
1	较易	1	1
2	较易	0	1
3	较难	1	0

续表

题目	难度	学生 A	学生 B
4	较易	1	1
5	较易	1	1
题目满分		5	5
总分（CTT）		4	4
能力值（IRT）		1.34	1.12

在 CTT 中，试卷分析常常被用来筛选试题。但是从 IRT 开发之后，试题分析方法有了革命性的改变，可应用在试题选择、具有项目功能差异题目的认定、题库的建设或者测验的编制等诸多方面。近年来，IRT 已成为广泛应用的一种方法。在此，本章将介绍一些简单的基本概念，以供读者了解最新的测验理论。对于有关计算的复杂公式，则不做介绍。有兴趣的读者可以参阅相关书籍。

一、IRT 的基本假设

IRT 又称潜在特质理论。测验通常是为了测量一些特定的能力，如数学能力、阅读能力等，这些能力往往无法通过观察或者直接测量得到，故被称为"潜在特质"。IRT 主要使用数学公式分析个人特质和试题作答反应之间的关系，从作答结果来推论个人特质或能力。

IRT 有三个基本假设。第一，单维假说。单维性是指测验中的所有题目测量相同的特质。例如，智力测验较容易符合这一条件。但是成就测验中，可能会违背单维性的假设，原因是测验题目可能来自学科不同的内容领域，测量的特质也不止一个，如语文测验中识字与写字、阅读、写作三个内容领域对应三种特质。尽管如此，IRT 也仍然被广泛应用在成就测验中。针对多维度的测验，可采用多维度 IRT 模型。 第二，局部独立性假说。局部是指同样的潜在特质，包括考生局部独立与题目局部独立两方面。考生局部独立是指同一考生对各题目的作答情况相互独立，不同考生的得分之间也相互独立；题目局部独立是指不同题目的分数之间相互独立。换言之，考生答对某道题目，并不影响他答对其他题目的概率。如果某一题目的答案可以在其他题目中找到，或对某一题目的作答会影响对其他题目的作答，则独立性的假设就不能满足。第三，项目特征曲线假说。项目特征曲线的假设是考生答对题目的概率随着能力的提高而增加（图 12-6），也就是说考生答对题目的可能性和其能力水平有密切的关系。例如，在语文能力测验中，随着考生的语文能力不断增强，其答对题目的概率也在增加。在这种情况下，可以说该试题是测量考生语文能力的良好试题。

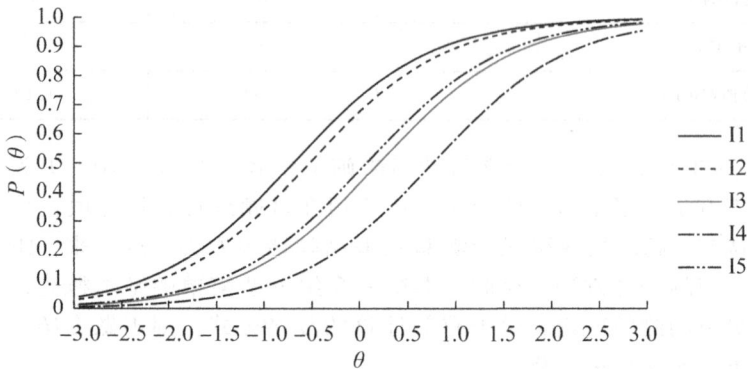

图 12-6　项目特征曲线图

二、IRT 的基本模型

IRT 假设考生对题目的反应与考生的潜在特质有关，并通过项目特征曲线描述考生的潜在特质与其做出正确反应的概率之间的关系。依照测验题目记分方式，常用的 IRT 模型大体可划分为两大类：①两级计分模型（答对给分、答错不给分）主要包括单参数对数模型（1-Parameter Logistic Model，1PLM）、双参数对数模型（2PLM）和三参数对数模型（3PLM）等；②多级计分模型主要包括等级反应模型（Graded Response Model，GRM）、名义反应模型（Nominal Response Model，NRM）、评定量表模型（Rating Scale Model，RSM）和分步计分模型（Partial Credit Model，PCM）等。下文主要介绍单参数对数模型。

单参数对数模型是 IRT 模型中较简单的一种，其假定所有题目的区分度相同且均为常数，影响考生在题目上表现情况的仅为题目难度参数 b_i。如果进一步假定所有题目的区分度均为 1，则为 Rasch 模型。对某两级计分题目的题目特征曲线函数表示如下：

$$P_i(\theta)=\frac{e^{(\theta-b_i)}}{1+e^{\theta-b_i}} \quad i=1, 2, \cdots, n$$

其中，$P_i(\theta)$表示能力为 θ 的考生在题目 i 上正确作答的概率，值越大表明正确作答的可能性越高；b_i 表示题目难度参数；n 表示测验的题目总数。从项目特征曲线函数中可以看到，当正确作答概率 $P_i(\theta)$ 为 0.5 时，能力 θ 和该题目的难度 b_i 相等。从单参数对数模型的题目特征曲线图（图 12-7）中也可以看出，题目难度参数 b 是正确作答概率 $P_i(\theta)$ 为 0.5 时所对应的考生能力值。换言之，IRT 中难度参数和潜在特质（能力）在同一尺度上。

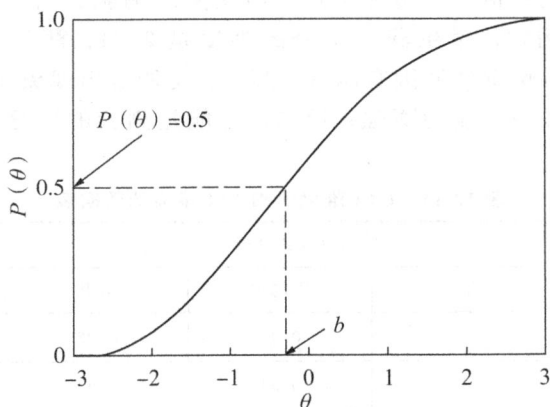

图 12-7　单参数对数模型题目特征曲线图

双参数对数模型在单参数对数模型的基础上增加了题目区分度参数，模型公式这里不进行详细介绍。

第五节　基于项目反应理论的试题质量分析指标

一、难度、计分点的难度

根据测验的计分方式，选择合适的 IRT 模型，可以估计试题的难度、区分度、伪猜测度以及每个计分点的难度。由于 IRT 涉及复杂数学运算，因此上述参数通常由专业软件编程计算得到。下面以 Rasch 模型为例来介绍难度指标。

IRT 中的难度（b）一般介于－4—4，难度值越大，题目越难，那么答对该题所需的能力水平就越高。这与 CTT 理论的难度正好相反，CTT 中难度值越大，题目越容易（如表 12-11 所示）。IRT 不仅可以提供题目的难度，而且可以提供每个计分点的难度值。例如，下面示例题满分为 2 分，有三个计分点，即 0、1、2。经过模型估计后，可以得到学生获得 1 分的难度是 1.41，获得 2 分的难度是 2.71。良好试题在此数据上应该表现为随着计分点的提高，难度在增加。但是实际测验分析中，会出现难度翻转的情况。例如，学生获得 1 分的难度是 2.71，获得 2 分的难度是 1.41。出现这种情况的原因有两种：第一，可能是出现极端现象，获得 1 分的学生人数较少，能力更强；第二，可能是测验的评分标准或者评分过程出现问题。

表 12-11   CTT 难度值和 IRT 难度值数据表

试题编号	CTT 分析			IRT 分析
	满分	平均分	难度	难度
I1-1	1	0.92	0.92	－0.64
I1-2	1	0.94	0.94	－0.76
I1-3	1	0.86	0.86	－0.18
I5	1	0.78	0.78	0.14
I6-1	1	0.87	0.87	－0.25
I6-2	1	0.95	0.95	－0.90
I6-3	1	0.73	0.73	0.35
I6-4	1	0.88	0.88	－0.30
I7-1	1	0.81	0.81	0.03
I7-2	1	0.80	0.80	0.10

题目示例

（1）黄河发源与_____山脉北麓，中游两大支流是_____、
_____，最后注入_____海。

（2）黄河中游流经的黄土高原地区，位于我国地势的第_____级阶
梯，其地表特征是_____。

（3）黄河上游地区_____资源丰富，入海口处主要的矿产资源
是_____。

二、题目拟合度

题目拟合度分析即题目残差值分析，选择相应的 IRT 模型，估计出题
目参数与能力参数值，并预测（期待）各种不同能力组考生的作答表现。
在此基础上，比较预测结果与实际结果的差异情况，即为残差。如图 12-8
所示，曲线代表预测值，点代表实际值。为便于得到抽样误差，将其转化
为标准化残差值。

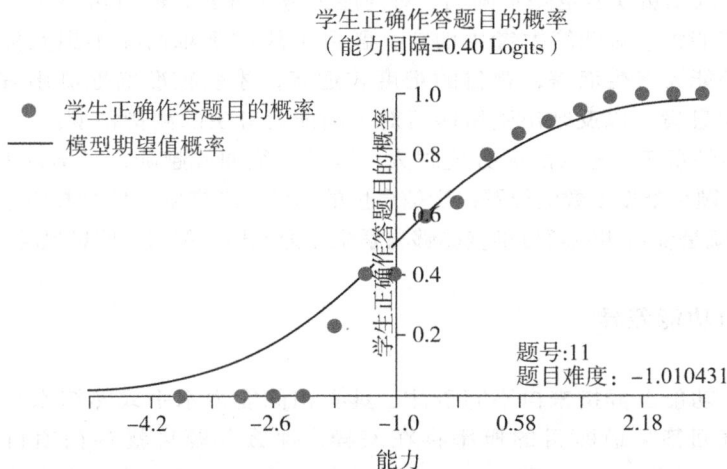

图 12-8　题目残差分析图

拟合度可以帮助测验专家决定哪些题目是可以使用的，哪些题目是修
改后可以使用的，哪些应该是必须删除的。一般情况下，拟合度介于 0.8—
1.2，拟合度较好。如果拟合度介于 0.5—0.8 或者 1.2—1.5，也是可以接
受的。如果题目拟合度在此之外，则在模型选择合适的情况下，需要对题

目进行修改。造成题目拟合度低的原因有许多，如题量多少、考生人数、考生能力估计精准度都可能影响拟合度。因此，当使用这些拟合度分析指标时，还要结合其他情况综合考虑。

三、题目信息量

题目信息量是应用 IRT 评价题目质量优劣的重要指标，反映题目精确估计能力的程度。题目信息量等于某难度的题目对某能力的考生测量误差平方根的倒数，计算公式为：

$$I = \frac{1}{\sqrt{\sigma_e^2}}$$

其中 I 为信息量，σ_e^2 为测量误差。测量误差越低，对考生的能力测量越准确，该题目提供的信息量就越多。测量误差越高，对考生的能力测量越不准确，该题目提供的信息量就越少。相同的题目对不同能力的考生提供的信息量是不同的。因此，即便是接受相同的测验，对不同能力者而言，它们的信息量或测量误差也是不同的。对高能力考生而言，题目可能过于简单而测不出其能力；对低能力考生而言，题目可能过于难而测不出其能力；只有对中等能力考生而言，题目的难度较适当，才能较准确地测出其能力。IRT 的信息量可以反映出测验题目对不同能力考生的测量精度。

通常情况下，题目的区分度越大，题目特征曲线越陡，斜率越大，信息量越高。题目难度参数的位置决定信息量的高低，当难度 b 值越接近学生能力 θ 时，也就是说当测验题目难度能够与学生能力值相匹配时，信息量越大。

四、项目功能差异

项目功能差异指来自不同群体、具有相同能力水平或熟练水平的考生群体正确回答某道题目的概率存在差异，那么此题目就存在项目功能差异。例如，由图 12-9 可以看出，一组具有相近英语能力的城市学生群体和农村学生群体参加某英语测验，这组样本中城市学生群体在此题目上的作答表现显著好于农村学生群体，虽然两个群体在其他题目上的作答表现极为相近。具体题目请见图 12-10 中第三个小题 "Where are they?"。这道题目的正确答案是在厨房。究其原因，可能是城市学生群体家里的厨房摆设与图片场景更相似，因此题目对其而言更容易，而农村学生群体大多认为这个场景是小卖部的摆设。由此，可以判断出对于城市学生群体和农村学生群体来说，该题存在题目功能差异，导致农村学生群体作答正确的概率低于城市学生群体作答正确的概率。

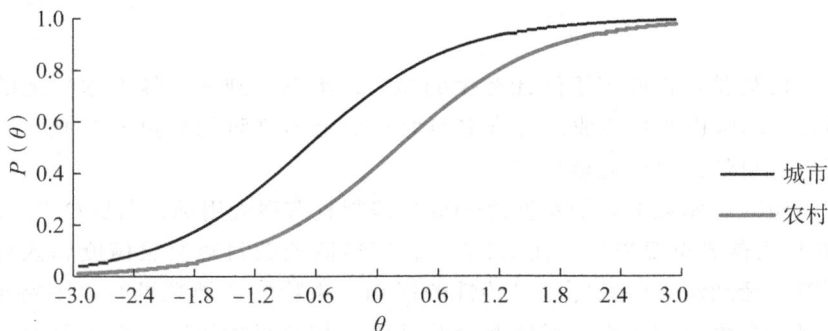

图 12-9　题目功能差异基本概念图

【小学英语】Look at the pictures, answer the questions.

➢How many people are there in the picture?
➢Who are they?
➢ Where are they?
➢ What is in Tom's hand?
➢ What's on the table?
➢ What are they going to do?

图 12-10　英语口语测试题

　　对题目功能差异的分析是保证测验公平性和有效性的重要环节。检查题目功能差异的目的在于保证一个测验对于所有考生来说都公平有效，换言之，不会由于题目本身的不公平而导致对考生做出不公正、无效的评判。此外，对于题目功能差异研究结果的深入分析，有助于唤起对于不同群体考生能力差异的认识，以便制订与实施后期的补救计划。

　　目前常用的方法包括强调潜在能力方差观点的 IRT 取向方法和强调观察分数观点的非 IRT 取向方法。前者主要包括 lord 卡方检验法、ICC 间区域面积法，后者主要包括 Mantel-Haenszel 卡方检验法、标准化法等。[①]这里不再对这些方法的详细算法进行介绍。

---

　　① 曾秀芹、孟庆茂：《项目功能差异及其检测方法》，载《心理学动态》，1999(2)。

第六节   基于项目反应理论的试卷质量分析指标

一份测验常常应用于估计考生的能力，可以得到任一能力水平上的信息总量。测验由题目组成，在给定能力水平上的测验信息量即在此水平上的所有题目信息量的简单加和。

测验信息函数的累加特性对于测验编制具有很大用途，也是 CTT 没有而 IRT 独有的重要特征。在 CTT 中，每道测验题目对测验信度和区分度的影响均受到测验中其他题目特性的影响。测验信息函数具有以下特点。①测量信息函数的大小，深受测验题目质量与数量的影响。由区分度大的题目所组成的测验，其测验信息量也大；题目数量越多的测验，其测验信息函数也越大；题目方差越小的测验，其测量信息量也越大。②每道题目都单独地对测验信息函数做贡献，故每道题目所做贡献的大小并不受在该测验中其他题目的影响。③每个 θ 能力值均有其相应的测验信息函数存在。因此，将横跨 θ 能力轴上所对应的题目信息量相连接，就可以构成一条测验信息函数曲线（图 12-11）。曲线形状类似于题目信息曲线。④此曲线的最高点（最大测验信息量，maximum test information）所对应的 θ 能力轴上的一个点或一个区间，即为代表该测验所适宜测量到的、精确测量到的能力估计值或能力估计范围。

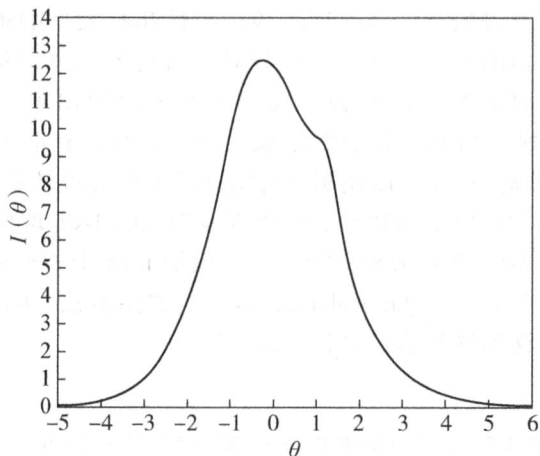

图 12-11   测验信息量函数曲线图

测验的信息量与测验的估计标准误的平方成反比，可用以下公式表示：

$$I(\theta) = \frac{1}{SE(\hat{\theta})^2}$$

其中，$SE(\hat{\theta})$ 为 θ 能力估计值的估计标准误（standard error of estimation）。由公式可知，当 $SE(\hat{\theta})$ 值最小，即 θ 值的估计最精确时，$I(\theta)$ 值达到最大值，此时整个测验提供的信息量最大。通常而言，$SE(\hat{\theta})$ 会受到测验题目数量（题量越大，估计标准误越小），测验题目的品质（区分度越高的题目，估计标准误越小），题目难度与考生能力之间的适合程度（两者越相匹配，估计标准误越小）的影响。

在编制测验时，教育测量学家关心的是如何比较两份或多份测量同一能力的测验的信息函数，并以此作为评价和选择测验的参考。编制大规模学业成就水平测验时，往往需要比较不同测验的信息函数，以便选择优良题目来组成所需要的测验，或在考虑了效度、成本、内容和测验长度等因素外，参考有关学生表现的信息函数情况，再优先选择在某段能力范围内能产生最大信息量的题目，然后编制成需要的标准化成就测验。例如，在包括优秀、良好、合格等级学业成就水平的测验中，可以根据需要组合题目，形成在优秀、良好和合格各个能力点或段上能产生最大信息量的测验。

第七节 题目筛选的原则

依据题目分析的结果进行筛选，然后形成高质量测验，是进行题目和试卷分析的最终目的。题目筛选的原则为，依据测验目的、题目的内容质量与指标质量，综合考虑后进行取舍。此原则可从两方面进行理解。

一是测量理论的综合应用，即将基于 CTT 与 IRT 的参数指标相互结合并理解应用。CTT 和 IRT 各有所长：CTT 能提供更便于理解应用的信息；IRT 提高了测量的特性，同时提供了测验等值和分数报告的框架等。因此，两者相辅相成，将会提供更多的理论统计量，有助于对测验数据进行更为深入、全面的描述和分析。

　　二是不同指标的综合应用。虽然可以从应用角度出发，将测验划分为常模参照测验与标准参照测验，但是其界限并没有那么清晰。常模参照测验的编制不仅要考虑题目的区分度，还要考虑命题所依据的相关标准和相应难度；标准参照测验的编制不仅要考虑题目的参照标准，还要考虑题目对不同学业水平群体的区分度指标。

第十三章　试卷质量分析指标
计算的实践操作

本章提到的绝大部分试卷质量分析指标都可以在计算机上完成计算，有些指标可以根据公式在 Excel 中完成，涉及数据较多、步骤较为烦琐的指标可以借助其他的统计软件，如 SPSS、R 语言等完成。SPSS 因操作简单、界面友好、功能强大、数据接口灵活，在教育测量与统计中经常被使用。以下主要介绍各种指标在 SPSS25.0 中如何计算。

第一节　试卷质量分析指标的计算

对于试卷整体的分析，首先可以通过 SPSS 直接计算得到平均分、标准差、最高分、最低分、偏度、峰度等指标，再通过简单计算得到差异系数等指标。信度和效度指标有很多分类，可以根据分析目的不同选择相应的计算方法，这里只介绍常用的内部一致性系数（克隆巴赫 Alpha 系数）和效标关联效度。下面将以一组实际数据演示计算过程及如何读取结果。

第一步：核对分数数据文件

分析者在拿到数据文件后首先应核对考试人数、学生基本信息、小题分是否与题目数量一致，同时应该注意缺失值使用何种标志，如 NULL、♯、空白或其他特定数值（－1、－9 等）等。一般情况下，将缺失值设定为空白更易在后续计算中处理；如使用其他标志的缺失值，应尽量处理为空白。

分数的数据文件通常由上级部门或阅卷公司提供，文件通常为 xlsx（xls）或 txt 格式，可在 SPSS 中转换成 sav 格式文件。

第二步：计算试卷的分析指标

首先，在 SPSS 界面中打开数据文件，另存为 sav 格式文件。

[1] 在菜单栏依次选中"文件"—"打开"—"数据"（图 13-1）。

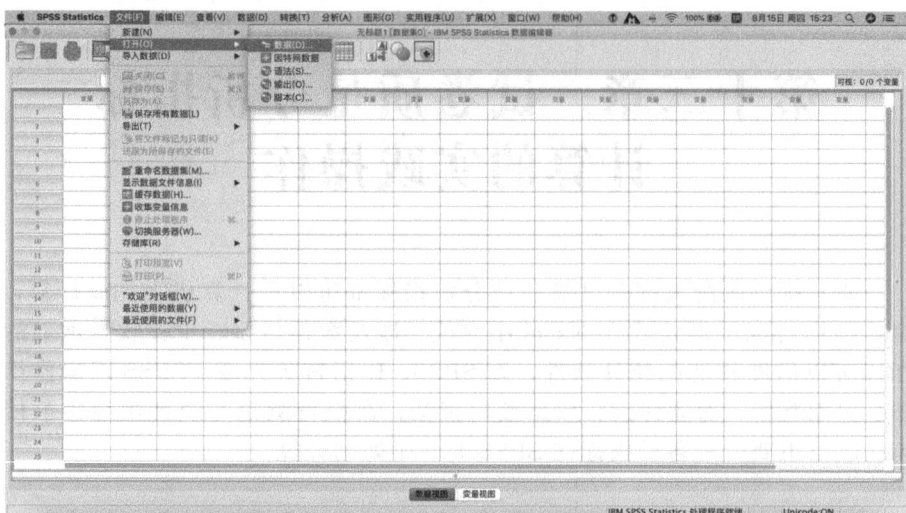

图 13-1　SPSS 界面打开数据文件

[2] 在查找位置选择数据文件（本例中使用的是"2－语文作答数据.xlsx"），根据数据文件的类型在文件类型处选择对应的类别（本例中使用的是 xlsx 文件），点击"打开"（图 13-2）。

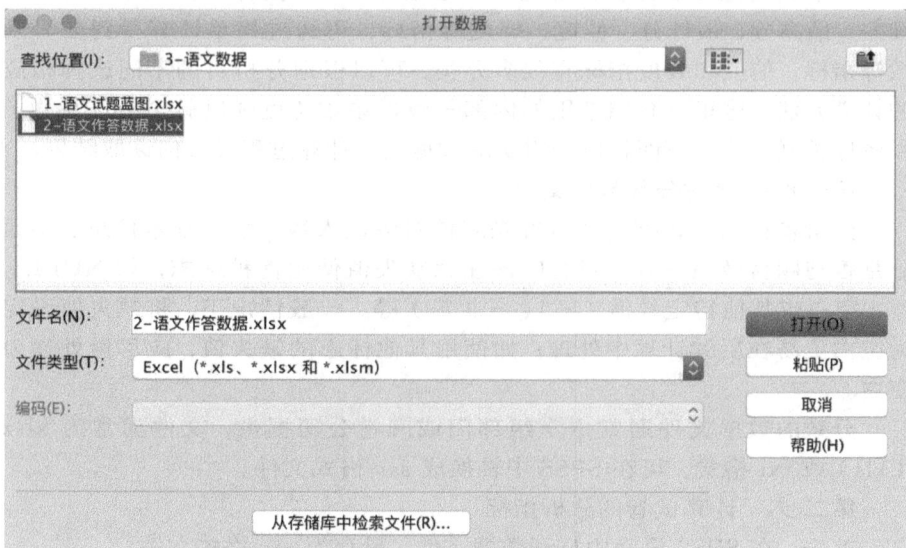

图 13-2　SPSS 界面选择数据文件

[3]在接下来弹出的窗口中确认数据文件的 sheet，并且确认勾选
"从第一行数据中读取变量名称"，点击"确定"（图 13-3）。

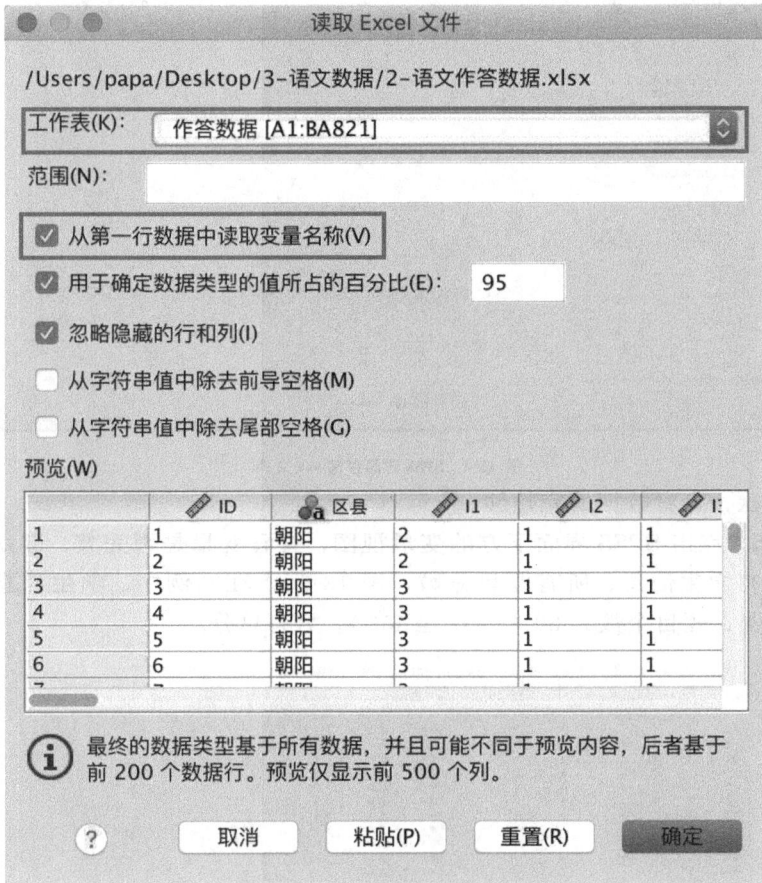

图 13-3 SPSS 界面读取 Excel 数据文件

[4]在菜单栏中依次选择"文件"—"另存为"，选择"查找位置"
（文件存放位置），填写文件名，保存为 SPSS Statistics（＊.sav）格式文件
（图 13-4）。后续分析将在 sav 文件中完成。日后如需进行其他计算，也可
以直接打开该文件。

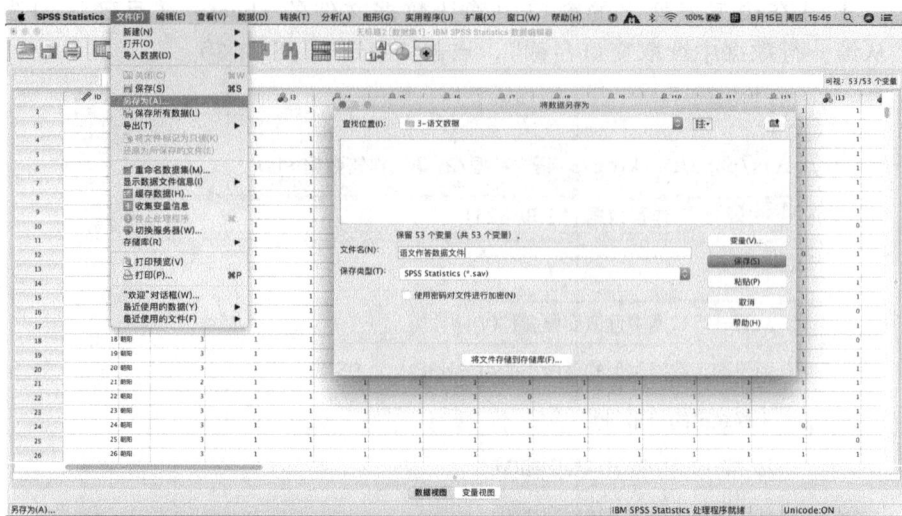

图 13-4　SPSS 界面存储 sav 文件

其次，查看数据的完整性。

［5］点击 SPSS 界面下方的变量视图，查看变量是否完整，即是否包含了所有学生信息、所有题目分数（图 13-5）。在本例中，学生信息包含 ID、区县，题目个数为 50 个（I1 至 I50），另有总分。

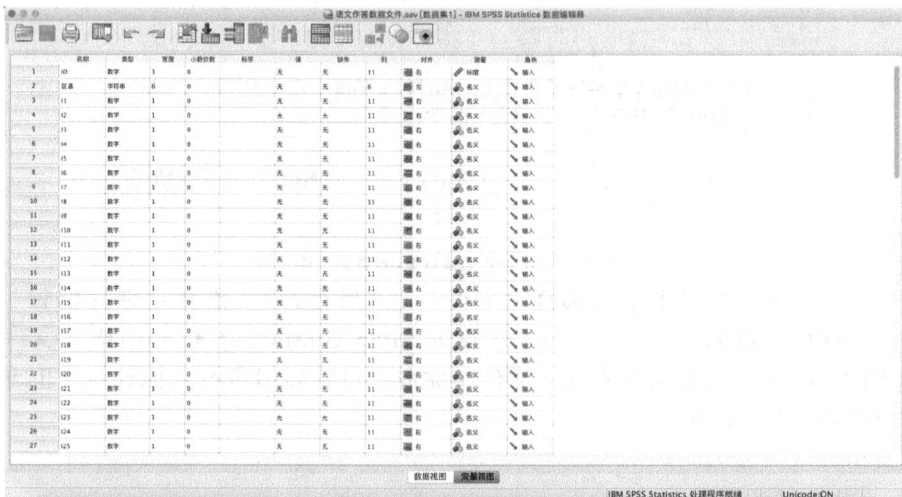

图 13-5　SPSS 界面查看变量视图

　　[6]回到数据视图，将右侧滚动条拖到最后一行，查看样本量是否完整（图 13-6）。本例中共有 820 名学生的分数。

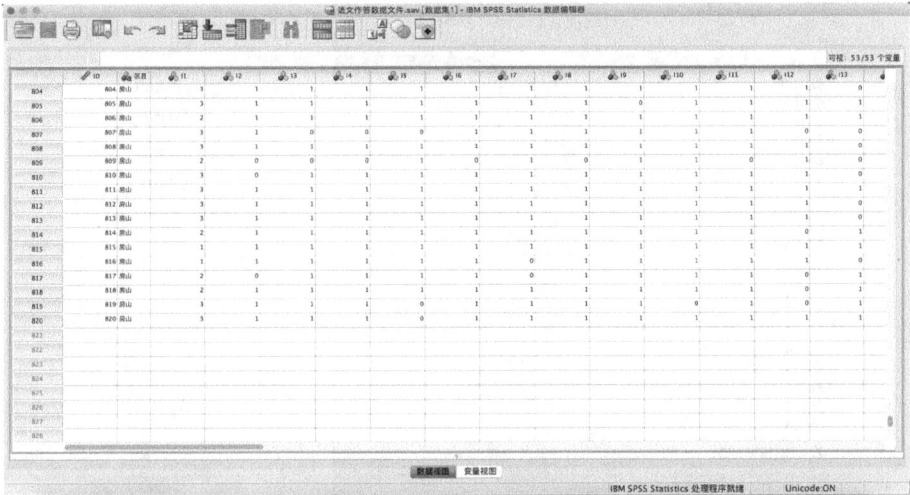

图 13-6　SPSS 界面查看数据完整性

最后，计算相关指标。

　　[7]在菜单栏依次选择"分析"—"描述统计"—"频率"（图 13-7）。

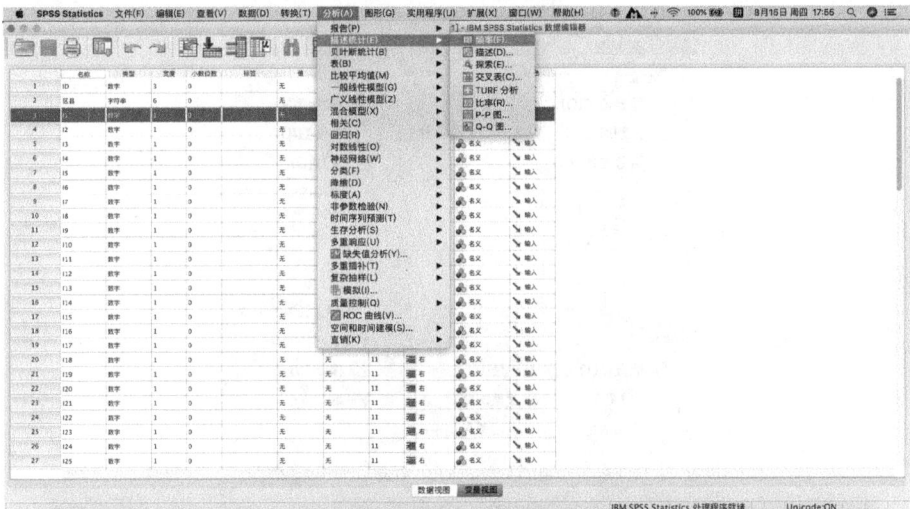

图 13-7　SPSS 界面计算总分描述性统计指标

[8]在弹出的对话框中，将左侧变量列表中需要分析的变量选到右侧。本例中分析的是总分（图13-8）。

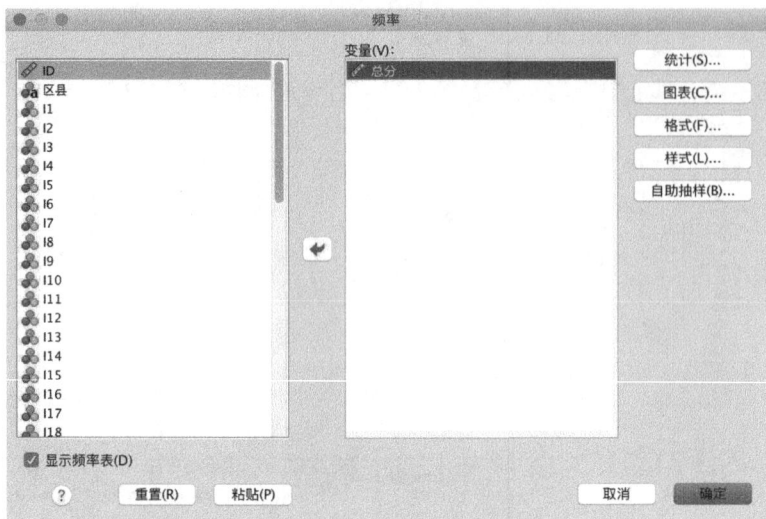

图13-8　SPSS界面计算总分描述性统计指标——选取题目

[9]点击"统计"，勾选需要计算的指标。本例中勾选"平均值""标准差""最小值""最大值""偏度""峰度"，点击"继续"（图13-9）。

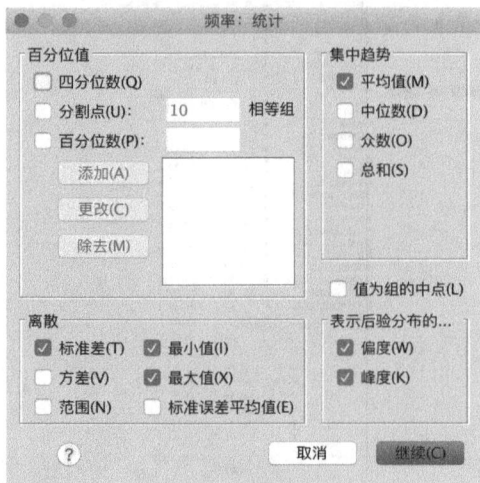

图13-9　SPSS界面计算总分描述性统计指标——选择指标

　　[10] 再点"图表"，勾选"直方图"和"在直方图中显示正态曲线"，点击"继续"，再点击"确定"，即可在输出界面中查看结果（图 13-10）。

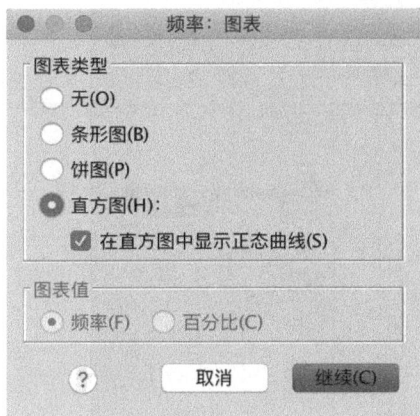

图 13-10　SPSS 界面计算总分描述性统计指标——绘直方图

　　第三步：查看相关指标

　　在输出界面得到如下结果：有效个案数 820，均值 87.55，标准偏差（标准差）7.528，偏度－2.531，峰度 11.674，最小值 26，最大值 98。在直方图中能够看出分数段的分布情况，在本例中分数集中在 90 分左右（图 13-11）。

统计		
总分		
个案数	有效	820
	缺失	0
平均值		87.55
标准 偏差		7.528
偏度		-2.531
偏度标准误差		0.085
峰度		11.674
峰度标准误差		0.171
最小值		26
最大值		98

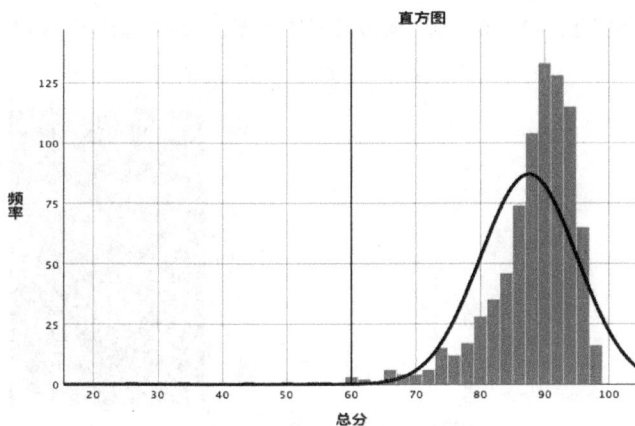

图 13-11　SPSS 界面计算总分描述性统计指标——查看结果

第四步：计算内部一致性系数

［11］在菜单栏中依次点击"分析"—"标度"—"可靠性分析"（图13-12）。

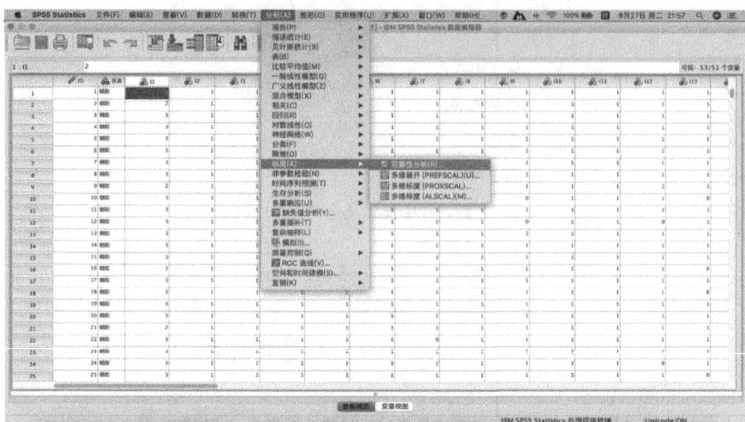

图 13-12　SPSS 界面计算一致性系数

［12］在弹出的窗口中从左侧选择需要分析的题目，加入右侧的"项"中，左下角模型处选择"Alpha"，点击"确定"。如需计算整卷的内部一致性系数，则把试卷中的所有题目加入"项"；如需计算某个内容领域的内部一致性系数，则只选择该内容领域下的题目（图 13-13）。例如，测量识字与写字、阅读与积累、写作内容领域的题目分别是 1—15 题、16—40 题、41—50 题，则分三次计算，每次选择相应题目。

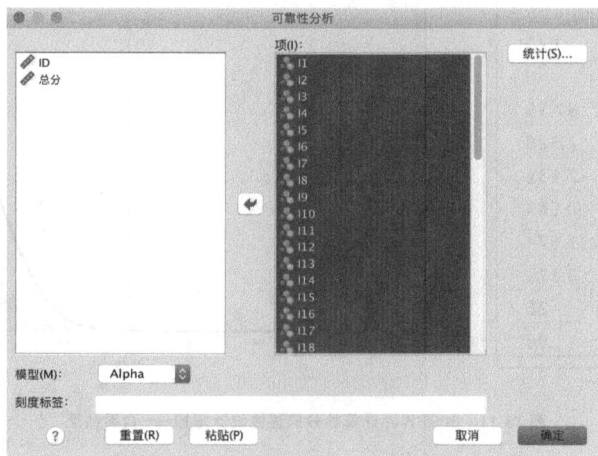

图 13-13　SPSS 界面计算一致性系数——选取题目

［13］从输出页面中读取内部一致性系数（克隆巴赫 Alpha）。整卷和阅读与积累内容领域的内部一致性系数分别是 0.844 和 0.749，信度较高（图 13-14）。

可靠性统计	
克隆巴赫 Alpha	项数
0.844	50

可靠性统计	
克隆巴赫 Alpha	项数
0.749	25

图 13-14　SPSS 界面计算一致性系数——查看结果

第五步：计算效标关联效度

效标关联效度实际上是本次测验与另外一个指标（分数或其他活动）之间的相关系数，相关越高，效度越高。效标的选取至关重要，通常要选择具有权威性的、认可度较高的指标。假设将每名学生参加的全市学业质量监测成绩作为效标，这里只需要计算本次测验总分与该效标的皮尔逊相关系数。

［14］在菜单栏依次点击"分析"—"相关"—"双变量"（图 13-15）。

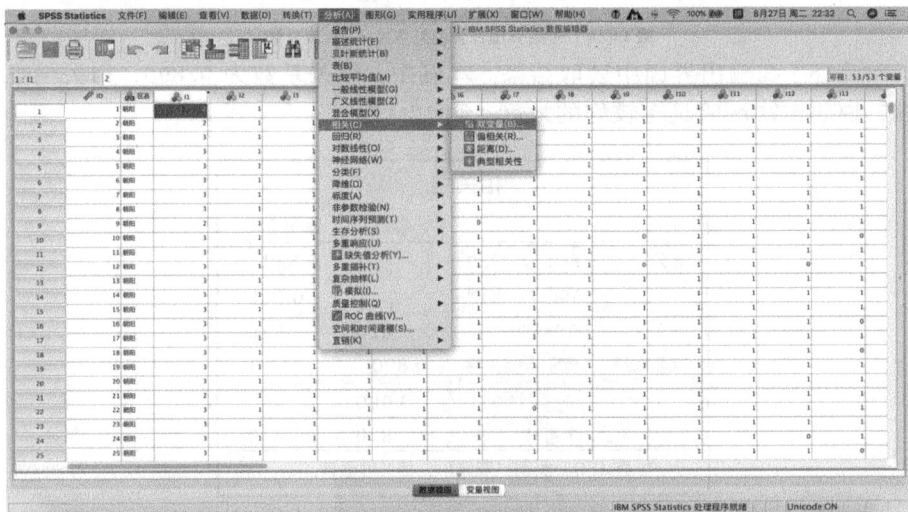

图 13-15　SPSS 界面计算相关系数

　　[15]在弹出窗口中左侧选择"总分"和"监测成绩",加入右侧的"变量",相关系数选择"皮尔逊",点击"确定"(图13-16)。

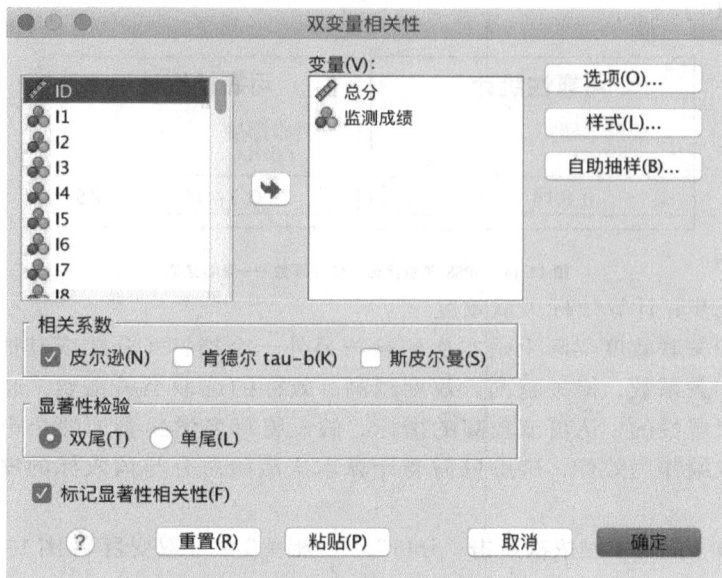

图13-16　SPSS界面计算相关系数——选取变量

　　[16]在输出界面中读取结果。本例中,相关系数为0.890,相关性显著,说明本次测验具有较好的效度(图13-17)。

<table>
<tr><th colspan="4">相关性</th></tr>
<tr><th></th><th></th><th>总分</th><th>监测成绩</th></tr>
<tr><td rowspan="3">总分</td><td>皮尔逊相关性</td><td>1</td><td>0.890**</td></tr>
<tr><td>Sig.(双尾)</td><td></td><td>0.000</td></tr>
<tr><td>个案数</td><td>820</td><td>820</td></tr>
<tr><td rowspan="3">监测成绩</td><td>皮尔逊相关性</td><td>0.890**</td><td>1</td></tr>
<tr><td>Sig.(双尾)</td><td>0.000</td><td></td></tr>
<tr><td>个案数</td><td>820</td><td>820</td></tr>
<tr><td colspan="4">**. 在 0.01 级别(双尾),相关性显著。</td></tr>
</table>

图13-17　SPSS界面计算相关系数——查看结果

第六步:计算其他指标

在第四步中得到一些指标后,可以计算其他分析指标,如差异系数。

在本例中，$CV = \dfrac{7.528}{87.55} \times 100\% = 8.6\%$。

第二节 试题质量分析指标的计算

每道试题题目质量的分析指标通常比较关注题目的难度和区分度。区分度又分为鉴别指数、衍生鉴别指数（合格鉴别指数、优秀鉴别指数）、题总相关系数等。下面仍以第一节的实际数据演示这些指标的计算过程及如何读取结果。

一、题目难度的计算

根据公式可知，题目难度的计算需要首先知道本题的平均分和满分。在本例中，一次性计算所有题目的难度，操作如下。

第一步：计算题目平均分

［1］在 SPSS 数据界面中依次点击菜单栏中的"分析"—"描述统计"—"描述"（图 13-18）。

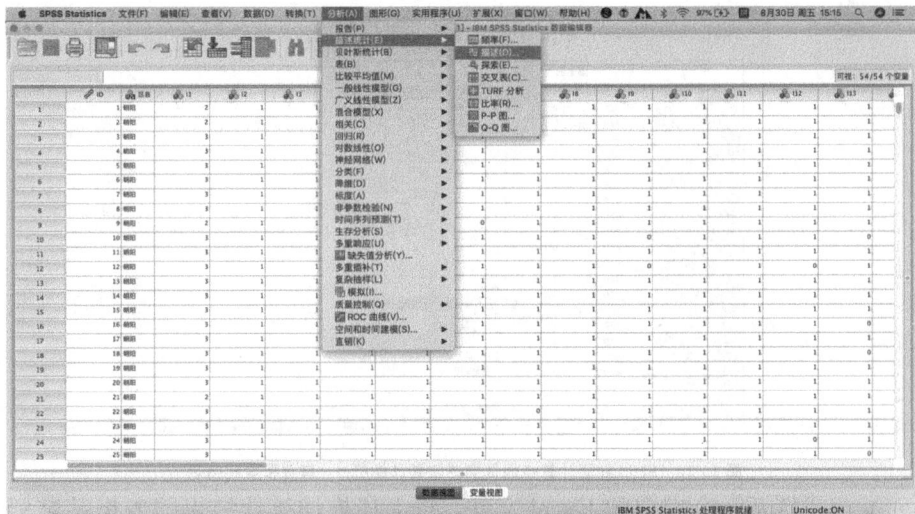

图 13-18 SPSS 界面计算各题目描述性统计指标

［2］在弹出的窗口中将 50 道题目全部选入右侧变量栏，点击"选项"，勾选"平均值""标准差""最小值""最大值"，点击"继续"，再点击"确定"（图 13-19）。

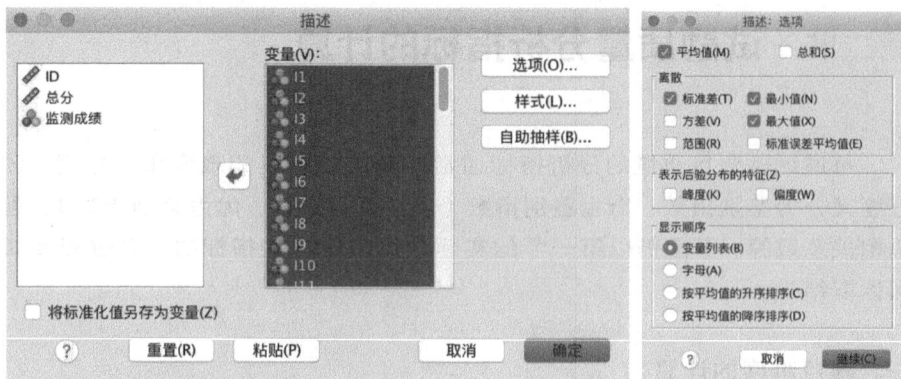

图 13-19　SPSS 界面计算各题目描述性统计指标——选取题目和指标

［3］在输出界面可以看到结果，如图 13-20（截取部分结果）所示，右键选中"结果表格"，点击"复制"。

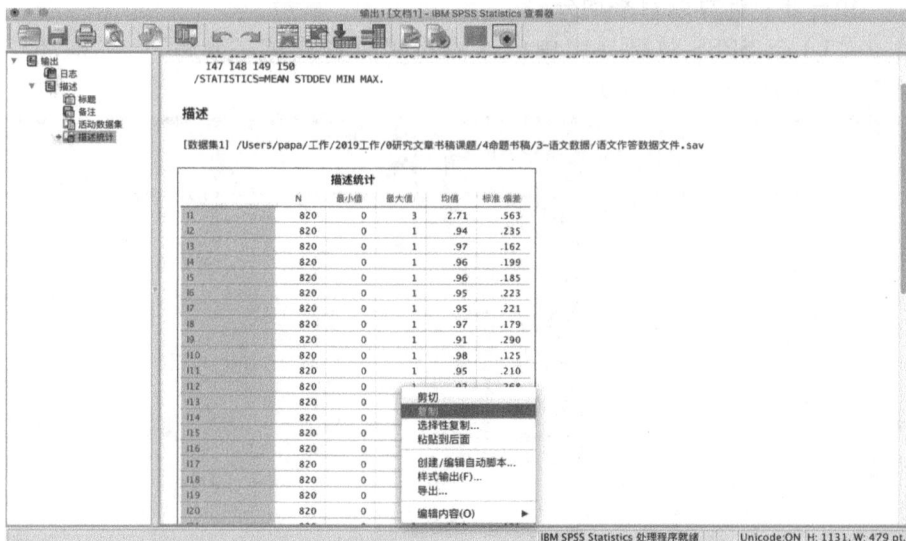

图 13-20　SPSS 界面计算各题目描述性统计指标——查看和复制结果

［4］打开一个空白的 Excel 文件，将上述描述统计结果的表格粘贴到

Excel 文件中备用（图 13-21）。

图 13-21　Excel 界面整理各题目描述性统计指标结果

第二步：　确定题目满分

[5] 在 Excel 文件中添加一列满分值。满分值数据通常在题目蓝图或双向细目表文件中可以直接复制过来（图 13-22）。

	A	B	C	D	E	F	G
	描述统计						
		N	最小值	最大值	均值	标准 偏差	满分值
	I1	820	0	3	2.71	0.563	3
	I2	820	0	1	0.94	0.235	1
	I3	820	0	1	0.97	0.162	1
	I4	820	0	1	0.96	0.199	1
	I5	820	0	1	0.96	0.185	1
	I6	820	0	1	0.95	0.223	1
	I7	820	0	1	0.95	0.221	1
	I8	820	0	1	0.97	0.179	1
	I9	820	0	1	0.91	0.29	1
	I10	820	0	1	0.98	0.125	1
	I11	820	0	1	0.95	0.21	1
	I12	820	0	1	0.92	0.268	1
	I13	820	0	1	0.69	0.463	1
	I14	820	0	1	0.91	0.288	1
	I15	820	0	1	0.93	0.263	1
	I16	820	0	1	0.93	0.261	1
	I17	820	0	4	3.46	0.828	4
	I18	820	0	4	3.77	0.816	4
	I19	820	0	1	0.99	0.085	1
	I20	820	0	2	1.85	0.525	2
	I21	820	0	2	1.99	0.121	2

图 13-22　Excel 界面整理各题目描述性统计指标结果——增加满分值

第三步：计算题目难度

[6]在 Excel 文件中添加一列难度，在第一道题目难度对应的单元格内输入"＝"，然后选中均值所在单元格（本例中是 E3），再输入"/"，再选中满分值所在单元格（本例中是 G3），敲击回车键，即可得到第一道题目的难度（图 13-23）。

	A	B	C	D	E	F	G	H
描述统计								
		N	最小值	最大值	均值	标准 偏差	满分值	难度
I1		820	0	3	2.71	0.563	3	=E3/G3
I2		820	0	1	0.94	0.235	1	
I3		820	0	1	0.97	0.162	1	
I4		820	0	1	0.96	0.199	1	
I5		820	0	1	0.96	0.185	1	
I6		820	0	1	0.95	0.223	1	

图 13-23　Excel 界面计算各题目难度

[7]将鼠标放置在刚计算出的难度单元格右下角，下拉至第 50 题，即可得到全部题目的难度。若要更改小数保留位数，则右键选择"设置单元格格式"，选择"数值"，小数位数调至 2 位（图 13-24）。

	A	B	C	D	E	F	G	H
描述统计								
		N	最小值	最大值	均值	标准 偏差	满分值	难度
I1		820	0	3	2.71	0.563	3	0.90
I2		820	0	1	0.94	0.235	1	0.94
I3		820	0	1	0.97	0.162	1	0.97
I4		820	0	1	0.96	0.199	1	0.96
I5		820	0	1	0.96	0.185	1	0.96
I6		820	0	1	0.95	0.223	1	0.95
I7		820	0	1	0.95	0.221	1	0.95
I8		820	0	1	0.97	0.179	1	0.97
I9		820	0	1	0.91	0.29	1	0.91
I10		820	0	1	0.98	0.125	1	0.98
I11		820	0	1	0.95	0.21	1	0.95
I12		820	0	1	0.92	0.268	1	0.92
I13		820	0	1	0.69	0.463	1	0.69
I14		820	0	1	0.91	0.288	1	0.91
I15		820	0	1	0.93	0.263	1	0.93
I16		820	0	1	0.93	0.261	1	0.93
I17		820	0	4	3.46	0.828	4	0.87
I18		820	0	4	3.77	0.816	4	0.94
I19		820	0	1	0.99	0.085	1	0.99
I20		820	0	2	1.85	0.525	2	0.93
I21		820	0	2	1.99	0.121	2	1.00

图 13-24　Excel 界面计算各题目难度结果整理

二、区分度的计算

（一）鉴别指数的计算

第一步：界定高分组和低分组

［1］将总分排名在前 27％（实际上可以在 25％—33％任意定义，通常为 27％）的学生界定为高分组，后 27％的学生界定为低分组。可以通过 SPSS 中统计总分的频率找到分数线。在菜单栏中依次点击"分析"—"描述统计"—"频率"（图 13-25）。

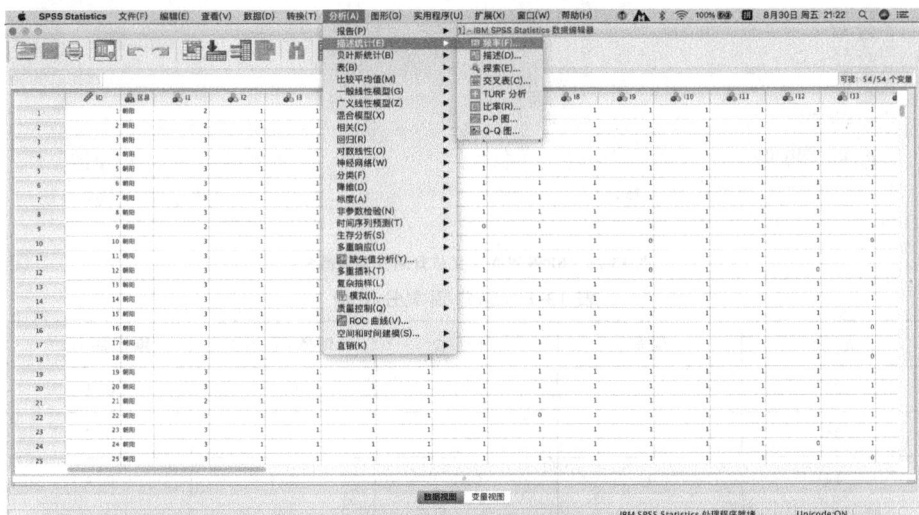

图 13-25 SPSS 界面计算总分频率分布

［2］在弹出的窗口中将总分选入右侧变量框，左下角勾选"显示频率表"，点击"确定"（图 13-26）。

［3］在输出界面中可以看到总分的频率分布表，如表 13-1 所示。在本例中，分数由低到高排列，累计百分比达到 31.6％时的总数是 86 分，累计百分比达到 76.1％时的总分是 92 分。所以，在本例中，总分 86 分及以下分数的学生为低分组，总分 92 分及以上分数的学生为高分组。

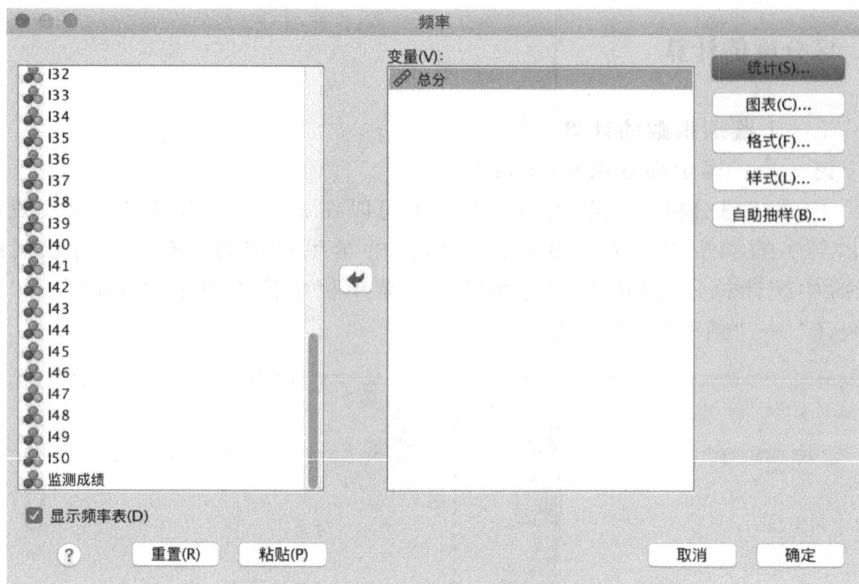

图 13-26   SPSS 界面定义总分高分组和低分组

表 13-1   总分频率分布表

总分	频率	百分比	有效百分比	累积百分比
26	1	0.1	0.1	0.1
34	1	0.1	0.1	0.2
44	1	0.1	0.1	0.4
49	1	0.1	0.1	0.5
54	1	0.1	0.1	0.6
56	1	0.1	0.1	0.7
60	3	0.4	0.4	1.1
61	1	0.1	0.1	1.2
62	1	0.1	0.1	1.3
63	1	0.1	0.1	1.5
65	3	0.4	0.4	1.8
66	3	0.4	0.4	2.2

总分	频率	百分比	有效百分比	累积百分比
67	4	0.5	0.5	2.7
69	2	0.2	0.2	2.9
70	2	0.2	0.2	3.2
71	3	0.4	0.4	3.5
72	3	0.4	0.4	3.9
73	4	0.5	0.5	4.4
74	11	1.3	1.3	5.7
75	5	0.6	0.6	6.3
76	7	0.9	0.9	7.2
77	11	1.3	1.3	8.5
78	6	0.7	0.7	9.3
79	13	1.6	1.6	10.9
80	15	1.8	1.8	12.7
81	15	1.8	1.8	14.5
82	20	2.4	2.4	17.0
83	24	2.9	2.9	19.9
84	22	2.7	2.7	22.6
85	30	3.7	3.7	26.2
86	44	5.4	5.4	31.6
87	53	6.5	6.5	38.0
88	51	6.2	6.2	44.3
89	70	8.5	8.5	52.8
90	63	7.7	7.7	60.5
91	63	7.7	7.7	68.2
92	65	7.9	7.9	76.1
93	62	7.6	7.6	83.7
94	53	6.5	6.5	90.1

续表

总分	频率	百分比	有效百分比	累积百分比
95	43	5.2	5.2	95.4
96	22	2.7	2.7	98.0
97	14	1.7	1.7	99.8
98	2	0.2	0.2	100
总计	820	100	100	

［4］标记高分组和低分组。在菜单栏中依次点击"转换"—"重新编码为不同变量"（图 13-27）。

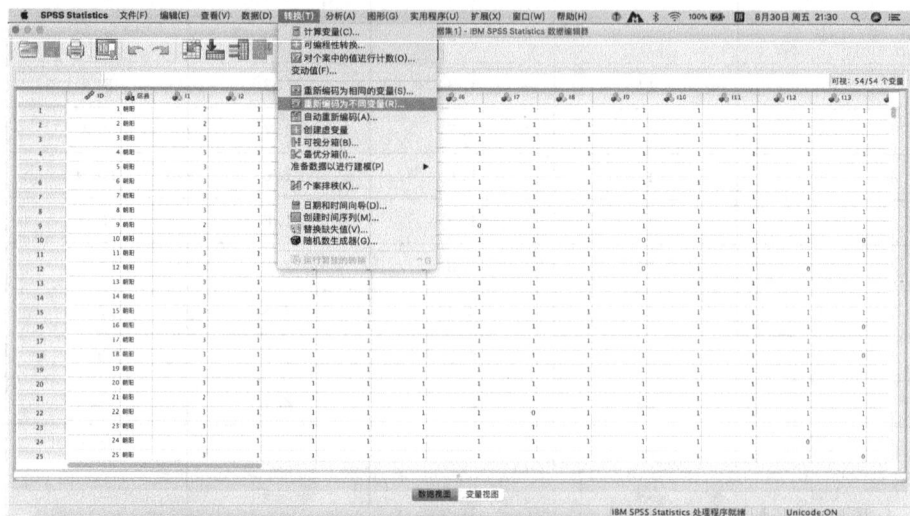

图 13-27　SPSS 界面标记高分组和低分组 1

［5］在弹出的窗口中，将总分添加到右侧"数字变量→输出变量"栏中，在输出变量下填写名称"高低组"，点击"变化量"，即可在中间的框中看到"总分→高低组"（图 13-28）。

［6］点击"旧值"和"新值"，在旧值框中选中"范围，从最低到值"，填写 86，新值填写 1，点击"添加"，即将低分组编码为 1。然后，选中"范围，从值到最高"，填写 92，新值填写 2，即将高分组编码为 2（图 13-29）。

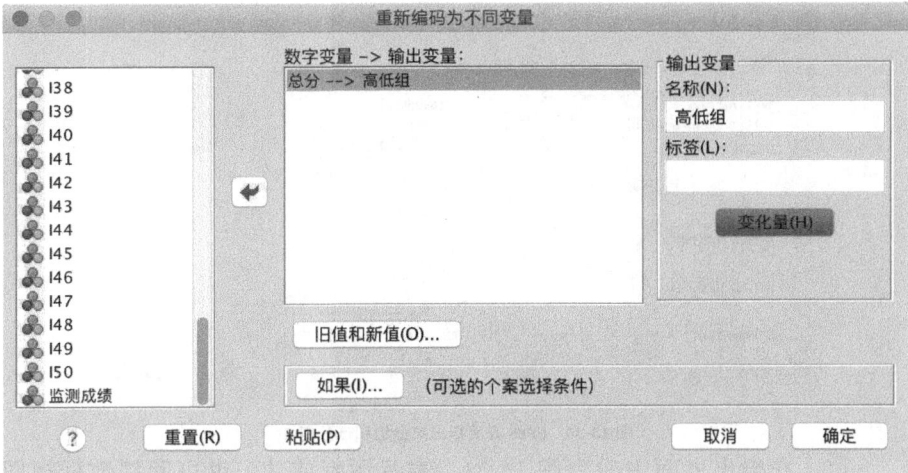

图 13-28　SPSS 界面标记高分组和低分组 2

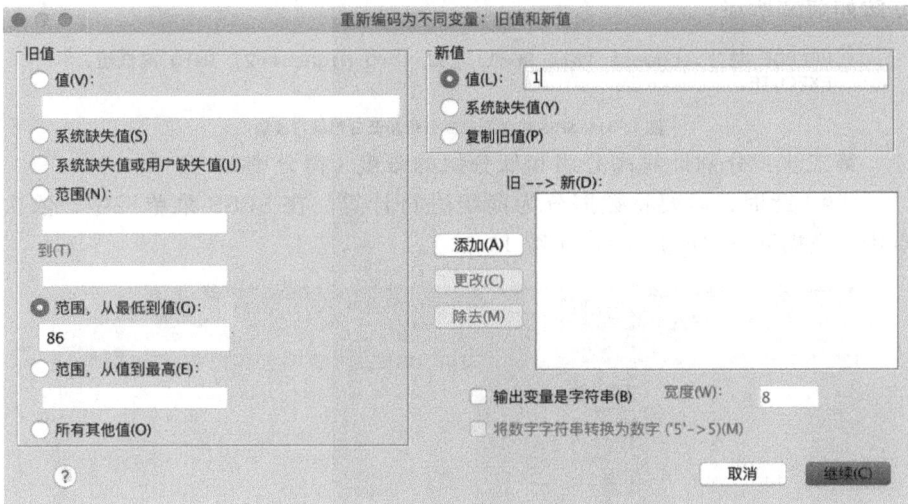

图 13-29　SPSS 界面标记高分组和低分组 3

[7]完成高低组的编码后可看到"旧→新"中的编码情况，点击"继续"，再点击"确定"（图 13-30）。

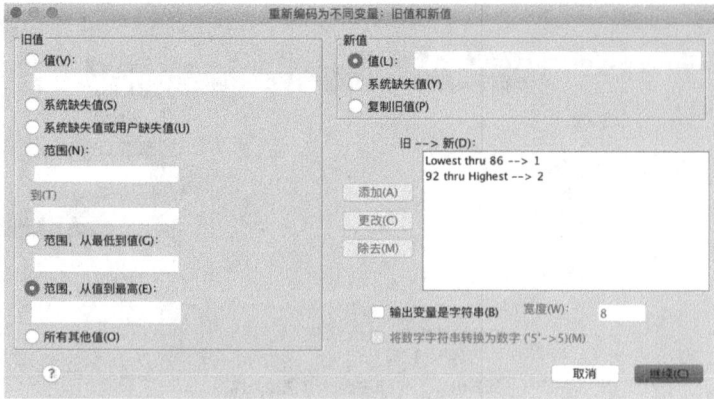

图 13-30　SPSS 界面标记高分组和低分组 4

[8]在输出界面中看到图 13-31，表示运行成功。也可回到数据视图中查看高低组变量下的值是否应生成，抑或对高低组变量进行频率统计，方法如前文所述。

```
RECODE 总分 (Lowest thru 86=1) (92 thru Highest=2) INTO 高低组.
EXECUTE.
```

图 13-31　SPSS 界面标记高分组和低分组运行成功

第二步：分别计算高分组和低分组的难度（得分率）

[9]此时，需要将数据分为两组进行计算。在 SPSS 菜单栏中，依次点击"数据"—"拆分文件"（图 13-32）。

图 13-32　SPSS 界面计算高分组和低分组的难度（得分率）1

[10] 在弹出的窗口中选择"按组来组织输出",并且将高低组选入
"分组依据"框中,点击"确定"。此时,若运行成功,SPSS 数据界面的
右下角将显示"拆分依据　高低组"(图 13-33)。

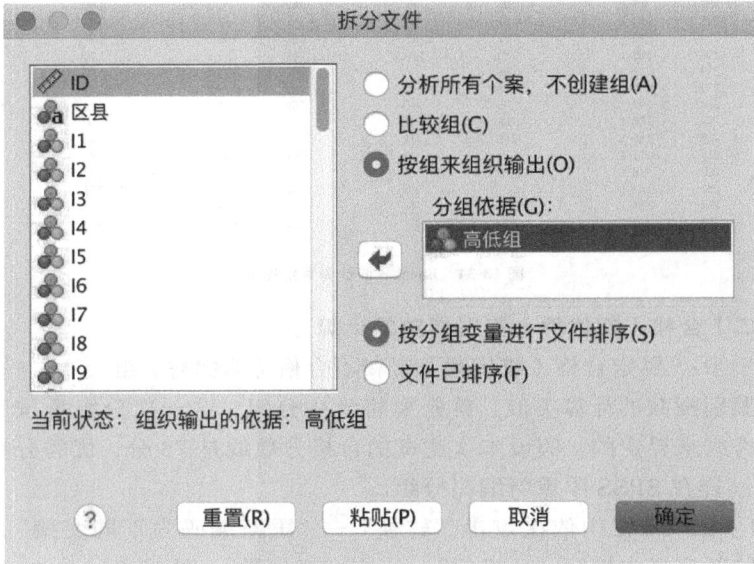

图 13-33　SPSS 界面计算高分组和低分组的难度(得分率)2

[11] 计算所有题目的难度。这步也是在菜单栏中依次点击"分析"—
"描述统计"—"描述",选中所有题目,点击"确定"。这时,在输出界
面可以看到,结果是按照高低组的值呈现的。首先是空白组,即中间没有
定义的组;然后是高低组=1 的组;最后是高低组=2 的组,即高分组。我
们将两组结果分别复制到 Excel 文件中,分别计算出每组的难度,方法如
前文所述。

第三步:计算鉴别指数

[12] 在 Excel 文件中,新添加一列"鉴别指数",在第一道题目对应
单元格中输入"=",鼠标选中低分组的难度(本例中是 K3),再输入
"/",鼠标选中高分组的难度(本例中是 E3),敲击回车键,即可得到第
一题的鉴别指数。下拉单元格得到所有题目的鉴别指数(图 13-34)。

	A	B	C	D	E	F	G	H	I	J	K	L	M
		低分组					高分组						
		N	均值	满分值	难度			N	均值	满分值	难度		鉴别指数
I1		259	2.49	3	0.83		I1	261	2.9	1	0.97		=K3/E3
I2		259	0.87	1	0.87		I2	261	0.99	1	0.99		
I3		259	0.94	1	0.94		I3	261	1	1	1.00		
I4		259	0.9	1	0.90		I4	261	1	1	1.00		
I5		259	0.91	1	0.91		I5	261	1	1	1.00		
I6		259	0.92	1	0.92		I6	261	0.99	1	0.99		
I7		259	0.88	1	0.88		I7	261	1	1	1.00		
I8		259	0.91	1	0.91		I8	261	0.99	1	0.99		
I9		259	0.78	1	0.78		I9	261	0.99	1	0.99		
I10		259	0.96	1	0.96		I10	261	1	1	1.00		
I11		259	0.88	1	0.88		I11	261	1	1	1.00		
I12		259	0.85	1	0.85		I12	261	0.96	1	0.96		
I13		259	0.51	1	0.51		I13	261	0.87	1	0.87		
I14		259	0.8	1	0.80		I14	261	0.98	1	0.98		
I15		259	0.87	1	0.87		I15	261	0.96	1	0.96		
I16		259	0.84	1	0.84		I16	261	0.98	1	0.98		
I17		259	2.9	4	0.73		I17	261	3.84	4	0.96		

图 13-34　Excel 界面计算鉴别指数

（二）合格（或优秀）鉴别指数的计算

第一步：界定合格（或优秀）组和不合格（非优秀）组

与鉴别指数的计算类似，首先要将学生分组，这一次分组是按照合格线或优秀线来界定的。假设本次测试的合格分数线是 76 分，优秀分数线是 93 分，同样在 SPSS 中重新编码分组。

［1］在菜单栏中依次点击"转换"—"重新编码为不同变量"，在弹出窗口的新变量中填写"合格组"，点击"变化量"（图 13-35）。

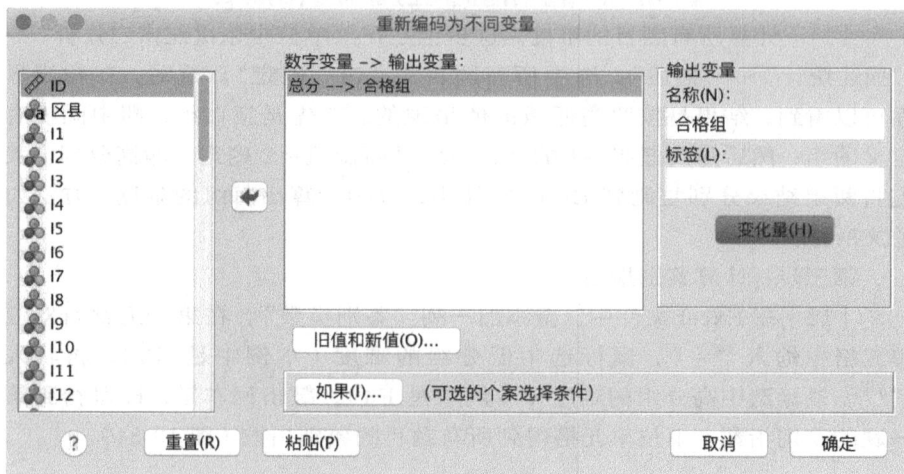

图 13-35　SPSS 界面计算合格（或优秀）组和不合格（或非优秀）组的难度（得分率）1

[2]在"旧→新"中，将最低值到 75 编码为 0（不合格组），将 76 到最高值编码为 1（合格组），操作同前文所述。优秀组同理，将最低值到 92 编码为 0（非优秀组），将 93 到最高值编码为 1（优秀组）（图 13-36）。

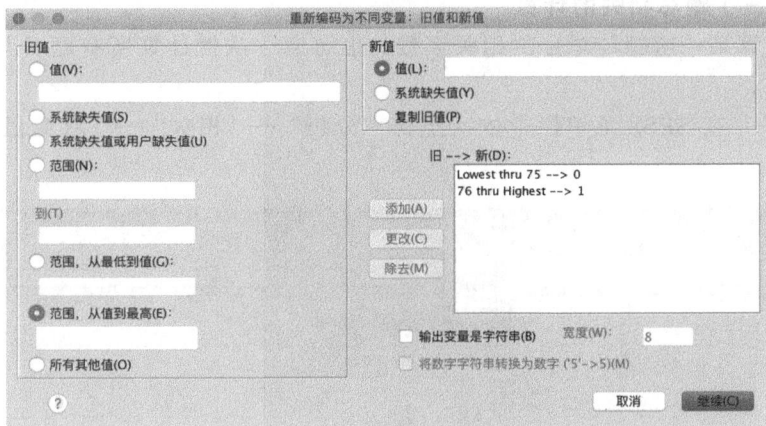

图 13-36　SPSS 界面计算合格（或优秀）组和不合格（或非优秀）组的难度（得分率）2

第二步： 分别计算合格（或优秀）组和不合格（非优秀）组的难度（得分率）

[3]计算方法与前文相同，只不过这一次拆分文件时的分组依据是合格组（或优秀组）变量。后续计算各组难度的方法相同（图 13-37）。

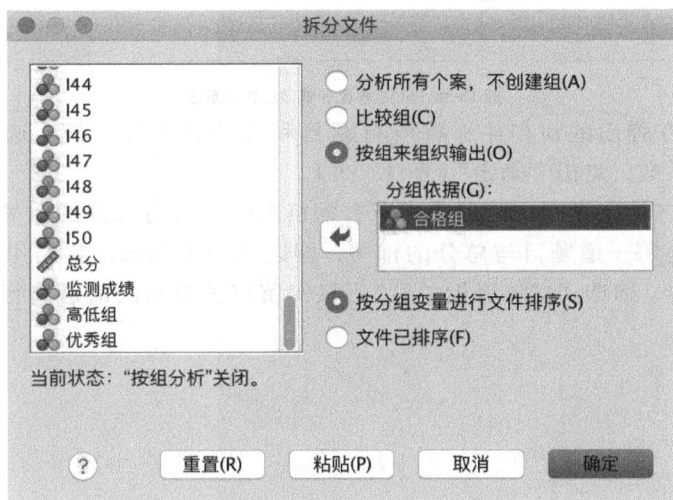

图 13-37　SPSS 界面计算合格（或优秀）组和不合格（或非优秀）组的难度（得分率）3

第三步：计算合格（或优秀）鉴别指数

[4]计算方法同鉴别指数，只不过这一次在 Excel 中用合格组（优秀组）的难度减去不合格组（非优秀组）的难度。

（三）题总相关的计算

计算某一道题与总分的相关系数，也可以一次性计算所有题目与总分的相关。

[1]在 SPSS 菜单栏中依次点击"分析"—"相关"—"双变量"（图 13-38）。

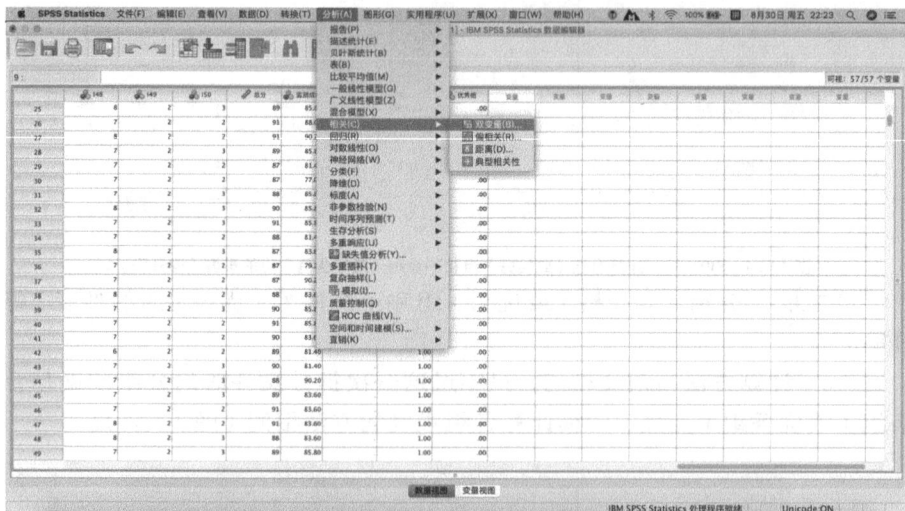

图 13-38 SPSS 界面计算题总相关系数

[2]在弹出的窗口中，将所有题目和总分选入变量框，选中"皮尔逊"相关系数，点击"确定"（图 13-39）。

[3]在输出界面中可以看到所有题目之间以及与总分的相关系数，最后一列就是每一道题目与总分的相关，即题总相关系数。将结果表格复制到 Excel 中，筛选"皮尔逊相关性"，只保留相关系数的值这一行数字（图 13-40）。

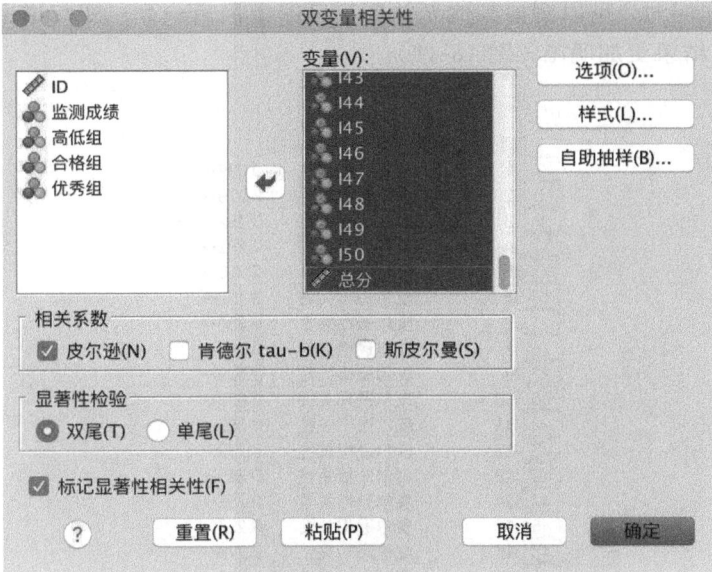

图 13-39 SPSS 界面计算题总相关系数一选择变量

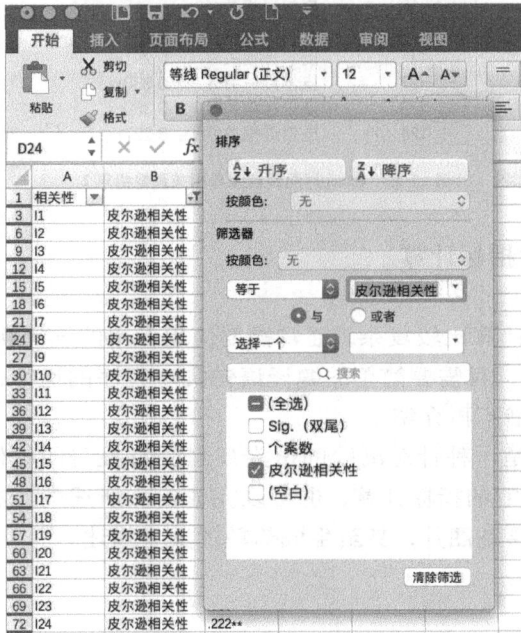

图 13-40 Excel 界面整理题总相关系数结果 1

　　［4］同时，可以删掉其他无关列，只保留最后一列，即每道题与总分的相关，结果更加明晰（图13-41）。

	A	B	C
1	相关性 ▼	▼	▼
3	I1	皮尔逊相关性	0.389**
6	I2	皮尔逊相关性	0.279**
9	I3	皮尔逊相关性	0.252**
12	I4	皮尔逊相关性	0.282**
15	I5	皮尔逊相关性	0.210**
18	I6	皮尔逊相关性	0.192**
21	I7	皮尔逊相关性	0.284**
24	I8	皮尔逊相关性	0.190**
27	I9	皮尔逊相关性	0.319**
30	I10	皮尔逊相关性	0.098**
33	I11	皮尔逊相关性	0.385**
36	I12	皮尔逊相关性	0.239**
39	I13	皮尔逊相关性	0.345**
42	I14	皮尔逊相关性	0.253**
45	I15	皮尔逊相关性	0.257**
48	I16	皮尔逊相关性	0.278**
51	I17	皮尔逊相关性	0.583**
54	I18	皮尔逊相关性	0.475**
57	I19	皮尔逊相关性	0.215**
60	I20	皮尔逊相关性	0.278**
63	I21	皮尔逊相关性	0.241**
66	I22	皮尔逊相关性	0.338**
69	I23	皮尔逊相关性	0.380**
72	I24	皮尔逊相关性	0.222**

图 13-41　Excel 界面整理题总相关系数结果 2

三、基于 IRT 的指标计算

　　IRT 指标的计算比较复杂，通常需要使用专用的统计软件，如 R、conquest、Mplus 等，且需要简单的编译语句实现程序的运行，如需计算请寻求相关教材，此书不再介绍。

　　本书介绍的是一种针对测验的试卷质量分析报告的软件。该软件不仅可以计算基于 IRT 的指标计算，也可以完成前文所述的所有指标的计算，并且生成表格，绘制图片，甚至生成简单的文字描述。[①]

---

　　① 　该软件由北京教育科学研究院研发，目前尚未实现商业化，如有需要请与笔者联系。

第四部分　测验结果的应用

第十四章　基于测验结果的教学改进

前面对测验的基本概念、测验的编制、测验质量的评价等内容有了较为深入的介绍。在得到测验结果后，可以对数据进行分析、挖掘及利用，找到教学中的问题，进而实现对教学的改进。

第一节　教学改进的背景

首先来了解国际上在教学改进方面的情况。以 PISA 测试为例，它起始于 2000 年，每三年进行一次，每次从阅读、数学、科学中选择一个作为主要领域。2000 年是阅读，2003 年是数学，2006 年是科学，2009 年又是阅读，这样依次下去。

表 14-1　韩国 2000 年阅读方面的测试结果统计表

年份	总分	2 级下	5 级上	排名
2000 年	525	5.8％	5.7％	6

基于表 14-1 的数据，韩国在阅读方面做了如下改进。

在阅读课程方面：从关注语法和文学类阅读到关注创新、审辨式思维能力的培养。

在教学方法方面：在数字化和网络方面增加了建设和应用。

在教师培训方面：开发并发布了阅读方面的教师培训方案。

表 14-2　韩国 2000—2012 年阅读成绩统计表

年份	总分	2 级下	5 级上	排名
2000 年	525	5.8％	5.7％	6
2003 年	534	6.8％	12.2％	2
2006 年	556	5.8％	21.7％	1

年份	总分	2级下	5级上	排名
2009 年	539	5.8%	12.9%	1
2012 年	536	7.6%	14.1%	1

（以上数据来源于 PISA2000 年、2003 年、2006 年、2009 年、2012 年的报告）

从表 14-2 可以看出，经过持续的改进，学生在阅读方面的进步是明显的。

另外，EQAO 项目是加拿大安大略省的学业质量监测项目。该省出版了《齐心协力与学生共筑成功》校园改进指南，从参与、调查、沟通、计划和评估五个方面实施。

从国际趋势不难看出，不论是政府层面还是省级层面，得到数据后都在关注教学改进，而且取得了较好的改进效果。

再来看国内的情况。自 2003 年起，北京市教育委员会以委托项目的形式对北京市义务教育阶段教学质量进行分析与评价，每年将全面、科学的测查数据结果反馈给学校，并将质量状况向社会公布，以期学校依托数据结果对学校管理及教学现状进行全面、深入、客观的分析与诊断，制订改进计划，最终建立规范的教学管理体系，促进学校管理和教学质量的整体提升。

由此可见，借鉴国际上的经验，再加上国内多年的测试研究经验，在得到数据后做区域或学校的教学改进，可以更好地促进教、学、评三位一体的有效实现。

从程序上来看，更加科学地利用测验数据分析结果改进教学的流程为：分析数据→寻找问题及原因（教师、学生、教材）→制订教学改进计划→实施教学改进方案。

第二节　通过测验数据发现问题

要进行教学改进，首先需要明确有待改进的问题。如何寻找教学中有待改进的问题呢？

教育教学问题本身是复杂的，不能用简单的因果关系做出简单判断；

但数据反映了各种现象之间的相关，为我们进一步进行现场观察和深入研究教学提供了重要的线索。所以在得到测验的数据结果后，我们首先需要做的事情是对测验数据结果进行解读。

数据解读的原则：

第一，强调教、学、评三位一体，三者相互促进，评价是为了有针对性地改进教学，减轻学业负担；

第二，强调绝对标准参照，弱化比较与排名；

第三，强调自我成长与发展参照，强调自我比较；

第四，强调多元标准（学业、负担、学习方法与兴趣）；

第五，强调实证依据。

数据解读主要是通过比较分析，在各组数据中寻找联系，通过建立数据之间的联系去解释相关的现象，推测其原因。

根据数据分析学校的优势与不足的主要方法有以下三种。

方法一，根据学校学科水平测试结果分析优势与不足。学校改建团队可以通过学校学科学业水平测试结果，分析各个内容领域的测试情况，从而看出哪个领域处于优势。

方法二，将学校的学业水平测试结果同《北京市学科教学质量报告》各项数据进行对比，分析出学校的优势与不足。

方法三，将学校当年的学业测试结果与往年进行对比，分析出学校的优势与不足。

表 14-3 以方法二为例进行数据解读。

表 14-3　北京市某小学参加北京市 2013 年小学数学五年级测试结果统计表

主体	合格率	优秀率	数与代数的优秀率	图形与几何的优秀率	统计与概率的优秀率	综合与实践的优秀率
北京市	93.4%	62.4%	68%	58%	56%	65%
某小学	100%	81.6%	88%	80%	76%	86%

从测验结果来看，该小学的合格率是 100%，也就是全部达到合格标准。而且学校总体的优秀率及各内容领域的优秀率都高于北京市总体水平，说明该学校教学成绩还是非常好的。如何从这已经非常好的教学成绩中寻找到可以进一步发展的突破口呢？可以分领域来观察这些学生的学业水平。

表 14-4   数学学科优秀的 81.6% 学生在四个内容领域的分布统计表

领域	学业水平等级	数学学科总学业水平等级			
		不合格	合格	良好	优秀
数与代数领域	优秀			10.8%	76.9%
	良好			7.7%	4.6%
	合格				
	不合格				
图形与几何领域	优秀			7.7%	72.4%
	良好			9.2%	9.2%
	合格			1.5%	
	不合格				
统计与概率领域	优秀			9.2%	67.8%
	良好				1.5%
	合格			9.2%	10.8%
	不合格				1.5%
综合与实践领域	优秀			9.2%	77.0%
	良好			1.5%	1.5%
	合格			6.2%	3.1%
	不合格			1.5%	

从表 14-4 中可以看出，数学学科优秀的学生在统计与概率领域的分布是比较分散的，数学学科良好的学生在综合与实践领域的分布是比较分散的。

该小学在数学学科达到优秀的学生有 81.6%，我们对这部分学生进行四个领域的分析（表 14-5）。

表 14-5   数学学科优秀的学生在四个内容领域没有达到预期情况统计表

学业水平等级	数与代数	图形与几何	统计与概率	综合与实践
优秀	76.9%	72.4%	67.8%	77.0%
良好	4.6%	9.2%	1.5%	1.5%
合格			10.8%	3.1%

学业水平等级	数与代数	图形与几何	统计与概率	综合与实践
不合格			1.5%	
没有达到预期	5.64%	11.27%	16.91%	5.64%

数学学科成绩为优秀的学生没有达到预期的百分比＝（良好数＋合格数＋不合格数）÷数学学科成绩优秀的总数

例如，数学学科成绩为优秀的学生在数与代数领域没有达到预期的百分比为：

（4.6＋0＋0）÷（76.9＋4.6）＝5.64%

依此类推，可以计算出数学学科成绩为优秀的学生在其他三个内容领域没有达到预期的百分比分别为 11.27%、16.91% 和 5.64%。

该小学在数学学科达到良好的学生有 18.4%，对这部分学生进行四个领域的分析（表 14-6）。

表 14-6　数学学科良好的学生在四个内容领域没有达到预期情况统计表

学业水平等级	数与代数	图形与几何	统计与概率	综合与实践
优秀	10.8%	7.7%	9.2%	9.2%
良好	7.7%	9.2%		1.5%
合格		1.5%	9.2%	6.2%
不合格				1.5%
没有达到预期	0	8.15%	50.00%	47.28%

数学学科成绩为良好的学生没有达到预期的百分比＝（合格数＋不合格数）÷数学学科成绩良好的总数

例如，数学学科成绩为良好的学生在图形与几何领域没有达到预期的百分比为：

（1.5＋0）÷（7.7＋9.2＋1.5＋0）＝8.15%

数学学科成绩为良好的学生在四个内容领域没有达到预期的百分比分别为 0、50.00% 和 47.28%。

通过对学生在四个领域的分析，可以发现该小学五年级的学生在统计与概率领域有一定的提升空间，即可以把统计与概率作为研究的突破口。

除了可以从测验中的题目和领域发现问题外，还可以通过对测验的不同地区、不同人群进行对比分析来寻找问题，另外也可以通过问卷、录像课等渠道发现问题。

第三节   开展对问题的研究

测评数据涵盖了教学工作的方方面面，针对数据梳理出来的问题带有很强的说服力。学校就要针对众多问题梳理出与本校教育关联较为紧密的关键问题。关键问题的确定使得计划更有针对性，研究更为聚焦，这样在问题解决的过程中才能使得效能最大化。具体方法有以下三种。

方法一：利用专家团队的分析诊断与问题的匹配度进行筛选。

当局者迷，旁观者清。对于从数据中梳理出的问题，学校可以聘请相关专家进行二度梳理。建议专家先不看数据分析进入课堂，这样避免数据干扰判断。之后进行教学诊断分析，将诊断分析与所梳理的问题进行匹配，这样匹配度高的问题可以作为研究的关键问题。

在数据中获得一手问题之后，建议对问题的构成进行细致划分，以便于与专家的问题进行对接、匹配；也可以在细化问题的基础上形成诊断表格，在选择赋分的基础上进行筛选，之后回看源头问题进行确定。

方法二：访谈教师，利用教师已有的关注重点与问题的对接度进行筛选。

对关键问题的梳理，可以借助访谈教师的方法。在访谈前，相关研究人员要关注访谈群体一段时间内的研究重点或者关注重点，这些重点的确定可以根据教师的反思、论文等研究成果来确定，在确定访谈对象的关注点之后再进行访谈。访谈提纲必须既要涉及教师的研究关注点，又要与相关梳理的问题有关。访谈结束后梳理教师的思考与相关问题的对接程度，这样从对接程度高的问题中筛选出来的就是教师热切关注的、亟待解决的关键问题。以下以可能性内容为例进行介绍。

首先，为了解教师在可能性方面的知识储备情况，设计了教师问卷，题目如下。

题目示例

盒子中放有红色、黄色、白色三种颜色的小球各若干个（这些球除颜色不同外无任何差异）。要求每次摸球之前要摇匀，每次只允许摸一个，摸球之前不能看，摸完后放回。笑笑按上述要求从中摸球。

（1）任意摸一个，摸到的会是（　　　）颜色的球。

（2）若盒中有红球 1 个，黄球 10 个，白球 30 个。每次摸 1 个，一共摸 20 次，结果一定是摸到白球的次数最多吗？说明你的想法。我的想法（　　　）。

（3）若盒中有红球 1 个，黄球 10 个，白球 30 个，且前 15 次摸到球的情况为：黄，白，白，白，白，黄，白，白，白，白，黄，白，白，白，白。请问第 16 次会摸到（　　　）颜色的球。我的想法是（　　　）。

表 14-7　学校 13 名数学教师测试结果统计表

概率	第一问	第二问	第三问
正确率	91.7%	75%	83.3%
错误率	8.3%	25%	16.7%

从教师的回答情况来看（表 14-7），教师对概率的知识掌握一般，对统计与概率的理解比较浅显，因此可以判断教师对此领域的教育价值把握不到位。

是什么原因造成这样的结果呢？为了找到问题的原因，针对学校 13 名数学教师的学习情况进行了调研，结果见表 14-8。

表 14-8　学校 13 名数学教师学习情况统计表

教师学习情况	人数	比例
大学本科及以上	11	84.6%
数学专业	3	23.1%
学过概率课程	2	15.6%

在 11 名有大学本科及以上学历的教师中，所学专业为"数学"的仅有 3 人，学习过"统计与概率"这一课程的教师为 2 人，占调研人数的 15.6%。

教师如果学科专业知识匮乏，那么怎能正确地分析教材、把握教材，怎能真正了解学生在学习该领域时的经验和困难，怎能准确制定教学目标并在教学活动中落实呢？

教师的学科专业素养直接影响到学生的发展，可以说教师的发展决定学生的发展。

其次，了解教师在概率方面的教学情况。

首先找到该小学 2013 年五年级数学教师在概率方面的教学设计，从教学设计中了解到，教师安排了 5 次活动，分别是讲守株待兔的故事、转转盘、摸乒乓球、摸牌和抽图片。通过分析发现，活动的设计缺少教师对内容的理解，缺少对学生的问题的暴露。

方法三：学生调研，利用调研中反馈的关键问题与问题的相关度进行筛选。

学生调研的数据是确定关键问题的有力支撑，但是学生反馈出的问题较分散，所以要对相关数据进行梳理。在梳理的过程中也可以参考数据中有关学生调研的数据，使得数据统计更有效。在确定学生关注的主要问题之后再与梳理出的问题进行相关度的筛选，相关度高的可以确定为关键问题。

为了了解学生的学习困难，对学生同样使用了上述调研题目。

通过调研发现，学生对可能性的理解浅显，在认识上还存在误区。

误区一：把可能性大等同于必然事件，把可能性小等同于不可能事件。

(2) 答：摸到白球的次数最多。因为白球最多。

从这一错例可以看出，学生显然在认识上陷入了一个误区：把可能性大等同于必然事件，把可能性小等同于不可能事件。

误区二："赌徒心理"。

(3) 答：第16次摸到红球，因为红球没有摸到，所以可能摸到红球。

这个错例在概率的教学中也是较为常见，我们通常把它叫做"赌徒心理"。在这个模型中，红球确实只有 1 个，而且在前面的 15 次试验中确实没有出现，学生便想当然地认为这次一定会摸到红球。

误区三："找规律"。

(3) 答：第16次是黄色的球
黄 白白白白 = △○○○○△○○○○△○○○○△

"找规律"即模式化的思想，是一种较常用的解决确定现象中的一些问题的数学思想，也是一种很好的解决问题的策略。但在概率问题中，此题目所呈现的"规律"似乎不能说明什么。上面这些学生的解答把符号化思想、模型思想、抽象能力体现得淋漓尽致，他们真正缺少的是随机观念、不确定性。

误区四：确定的思维方式。

解答虽然不是得零分，但来看学生的思维模式：

三个问题都是在用确定性的代数思维方式考虑，通过计算、找规律寻求结果。还有的学生竟然能将第二小题中的 1 个、10 个、30 个、20 次等数据进行加减乘除的混合运算：（30－20）÷（10－1）。

为什么会有这样的情况呢？

小学数学的学习有两条线索：一条是具有函数关系的可以用规律来描述的确定现象；另一条是用可能性来描述的随机现象，隶属于统计与概率领域。

学生虽然在解答问题的过程中使用了描述不确定现象的词汇——可能，但从对三个问题的解答来看，学生还没有体会到不确定现象的特点，即不确定性，还固化在求因果关系的逻辑思维方式上，还在用比多少、找规律、推理等方法来研究不确定现象。产生"误区"的原因，一方面是受生活经验的影响，即在初次接触"统计与概率"之前，已经对生活中的不确定现象有了一定的认识，但这些认识往往是直观的、有偏见的；另一方面是受"数与代数""图形与几何"领域学习的影响，确定的、逻辑的、注重因果关系的思维方式已固化。

综上，可以确定"骨干教师少，教师知识储备不足，不能关注学生的学习困难"是问题存在的原因，可以将"对统计内容进行整体把握，教学设计能关注学生学习过程中的问题"作为教学改进的关键问题。

第四节   教学改进的基本步骤及需要注意的问题

一、教学改进的基本步骤

（一）制定进步指标

要进行教学改进，就要制定进步指标，这样教学改进才有方向。进步指标的确定可以从学校领导与管理、学生学业成就、教师教学有效性和学生学习有效性四个维度来确定。

学校领导与管理维度：学校有全员认可的明确和合理的教学改进愿景；有全员参与制定的学校教学改进目标和计划；教学管理团队有权威性，受到全员的尊敬；一线教师有明确的职责分工；定期监测、评价教师的表现；有计划地保证教师的专业化发展；严格经费管理，保证教学目标的实现；学校开设的课程完整且丰富，开发了具有本校特色的校本课程；家长经常获得有关于学生学业进步情况的信息。

学生学业成就维度：学生对知识的理解、掌握和运用能力达到相应的年级或学段标准，学生在学校或年级取得进步，学生的学业成绩在所有学科都表现出较高的水准，有特殊教育需要的学生不断取得进步，不同性别的学生学业成就无显著性差异，不同家庭背景的学生学业成就无显著性差异。

教师教学有效性维度：有丰富的学科知识和娴熟的教学技巧；教学准备充分，有清晰的目标；对全体学生有较高的要求；使用灵活多样的教学方法，使所有学生有效地学习；考虑到不同学生的需要，给予每个学生同等的关注；能够较好地管理学生，坚持高标准、严要求；教学时间得到充分而有效的利用；合理而有效地利用各种教学资源，包括信息技术手段；根据诊断，对学生的表现做出评价，并相应地调整教学活动。

学生学习有效性维度：能在新的情境中，灵活应用已获得的知识和技能，完成新的学习任务；在各个科目的学习中自信地运用不同的学习方法；对学习有浓厚的兴趣和好奇心，求知欲强；有较强的收集和处理信息的能力以及分析和解决问题的能力；在学习中能够主动参与，乐于探究，在做中学；敢于面对学习中遇到的困难和挑战，坚持不懈；既能独立完成学习任务，又能与同学合作学习；在学习过程中体现出良好的学习习惯。

（二）撰写改进计划

有了进步指标，紧接着就要撰写改进计划。

针对学校"骨干教师少，教师知识储备不足，课堂教学低效"的问题，分阶段制定了进步标准。

第一阶段（约一个学期），引入专家团队走进课堂，诊断问题。

第二阶段（约一个学期），邀请积极参与教学改进的教师（5％）、支持教学改进的教师（10％）以及不抵触教学改进的教师（10％）加入专家团队，用专家团队内形成的有利于教学改进的群体规范和群体压力来强化或改变新加入专家团队的教师的态度和行为。

第三阶段（约一个学期），随着前期加入专家团队的教师群体（25％）不断被专家团队中的群体规范和群体压力强化或改变，其中的支持者和不抵触者就慢慢地转变成了支持学校教学改进的新积极者。于是，教学改进的"老积极者"与"新积极者"之间就形成了新的有利于学校改进的群体规范和群体力。

第四阶段（约两个学期），在日常教学群体中梯次推进，即在专家团队成员的引导下，通过研讨或听评课等手段，依次将其他还未成长为积极者的不抵触者以及拖延者和反对者等纳入由专家团队成员和新老积极者构成的新工作团队，让他们感受新的群体规范和群体压力，进而促使他们形成支持学校教学改进的态度。

第五阶段，随着新的工作团队的逐步形成，专家团队成员可逐步减少，直至退出新的工作团队。

在这样的改变过程中，进步标准按阶段实现，最终实现教师整体进步。

（三）实施改进计划

有了进步指标和改进计划，下一步就是实施改进计划。

下面以概率内容为例介绍改进计划的具体实施过程。本案例来自2014—2016年对北京市海淀区西二旗小学的教学改进研究。

1. 学校教研活动内容以"概率"为主

有了研究的方向，并且对于教师方面的原因和学生方面的困难已经分析清楚了，那么就可以在学校范围内开展教学改进工作了。首先是以概率为载体，制订为期 2 年的教学改进研究计划。

2. 做"概率"的教材梳理

在整个学习过程中，教师不仅要教给学生一些概率的知识，而且要引导学生从不确定的角度来观察、认识数学内容，培养学生的随机观念，给学生渗透一种不确定的思维方式。

概率是一部分既难教又难学的内容，有其固有的思想方法，有别于因果关系的逻辑思维，所以它的教与学也应具有不同的特点。

皮亚杰等人通过研究发现，那些没有接受过概率教学的学生在比较可能性时，常常使用自己发明的一些规则。他们的研究对象的年龄跨度从 4 岁至 16 岁，研究内容是从一个袋子中随机取出一个小球，要求学生判断，如果有两个袋子，要取出某一种颜色的小球，那么选择哪一个袋子更有利，通过改变两个袋子中不同颜色小球的比例，分辨出学生的四种常见策略为：

第一，选择小球总数最多的那个袋子；

第二，选择黑球多的那个袋子——黑色是想要的颜色；

第三，选择黑白球数差异大的那个袋子；

第四，选择黑白球数之比大的那个袋子。[①]

然而教材在可能性方面的编排是什么样的呢？

北京师范大学出版社出版的教材在可能性方面的安排一共有两处：一处是四年级上册，另一处是五年级上册。两个地方突出的重点不同（图 14-1）。

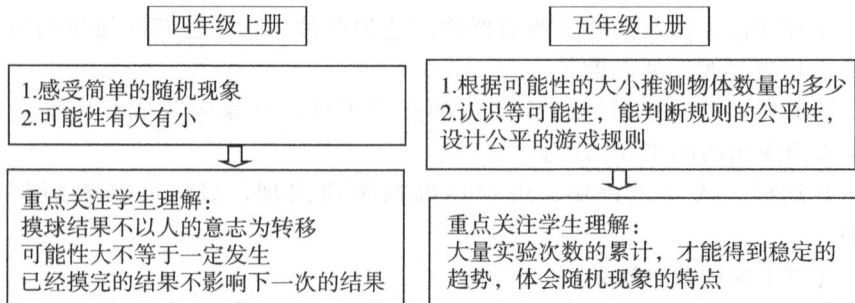

图 14-1　四年级上册和五年级上册在可能性方面突出的重点

---

① 李俊：《中小学概率的教与学》，21 页，上海，华东师范大学出版社，2003。

3. 进行四年级和五年级"可能性"教学的改进

四年级"可能性"第一次教学设计框架如图 14-2 所示。

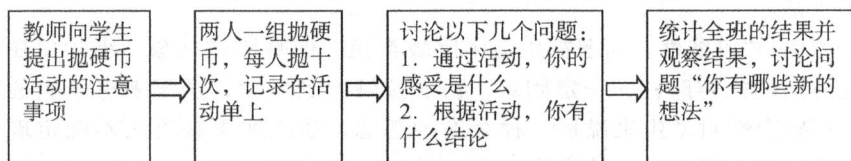

| 教师向学生提出抛硬币活动的注意事项 | → | 两人一组抛硬币，每人抛十次，记录在活动单上 | → | 讨论以下几个问题：
1. 通过活动，你的感受是什么
2. 根据活动，你有什么结论 | → | 统计全班的结果并观察结果，讨论问题"你有哪些新的想法" |

图 14-2 四年级"可能性"第一次教学设计框架

现象：在实际活动中，有的学生质疑抛硬币的高度不一致，影响实验的公平性，因此对实验所得的数据一直不认同。

原因：首先，概率的知识相对比较抽象，学生对不确定性问题比较陌生，在学习这方面的内容时存在着一定的困难；其次，抛硬币过程中确实存在着影响活动结果的因素。因此，如何为学生创设一种合适的情境，有利于学生学习这一内容，体会不确定现象是需要解决的问题。

改进：数学组教师经过讨论并结合学生实际情况，认为可以将情境变换为摸球，这样既解决了学生的疑惑，又可以为学生带来更多的体会。

四年级"可能性"第二次教学设计框架见图 14-3。

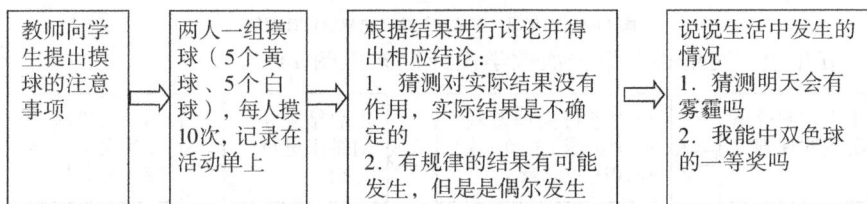

| 教师向学生提出摸球的注意事项 | → | 两人一组摸球（5个黄球、5个白球），每人摸10次，记录在活动单上 | → | 根据结果进行讨论并得出相应结论：
1. 猜测对实际结果没有作用，实际结果是不确定的
2. 有规律的结果有可能发生，但是是偶尔发生 | → | 说说生活中发生的情况
1. 猜测明天会有雾霾吗
2. 我能中双色球的一等奖吗 |

图 14-3 四年级"可能性"第二次教学设计框架

课后，教师对 34 名学生进行了后测，测试题目如下：

盒中放有 500 个黄球、500 个白球（这些球除颜色不同外无任何差异）。要求每次摸球之前要摇匀，每次只允许摸一个，摸球之前不能看，摸完后放回。笑笑按上述要求摸了 1000 次，你认为结果会是什么。

表 14-9 学生后测结果统计表

结果	认为确定的			认为不确定的	无效或未写
	认为黄球、白球各摸 500 次	摸到白球可能性大	摸到黄球可能性大		
人数（共 34 人）	19(55.9%)	5(14.7%)	1(2.9%)	7(20.6%)	2(5.9%)

　　后测结果见表14-9，55.9％的学生认为结果是500个黄球、500个白球，全班73.5％的学生认为结果是确定的，说明学生对不确定性问题仍然认识不清。

　　原因："可能性"问题在生活中比较常见，但是比较抽象，小学生在学习这方面的内容时存在一定困难，初次接触感到陌生，学起来有一定的难度。不确定性对学生来说是一种全新的思想，学生如果缺乏对不确定现象的丰富体验，那么往往较难建立这一思想。

　　改进：在教学中，教师除了要为学生创设具有启发性的教学情境外，还要大胆放手，让学生积极观察、猜测、实践、探索与交流，通过展示全班学生的实验数据，突破难点，帮助学生建立不确定现象这一新的观念。

　　四年级"可能性"第三次教学设计框架见图14-4。

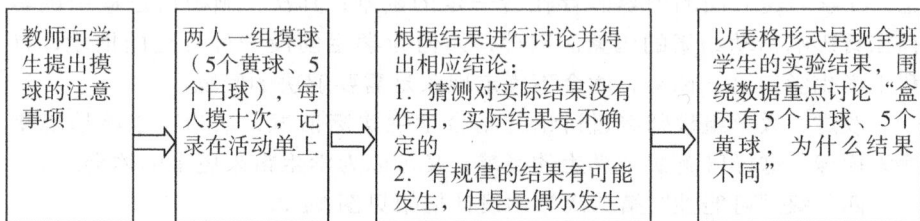

| 教师向学生提出摸球的注意事项 | 两人一组摸球（5个黄球、5个白球），每人摸十次，记录在活动单上 | 根据结果进行讨论并得出相应结论：1. 猜测对实际结果没有作用，实际结果是不确定的 2. 有规律的结果有可能发生，但是是偶尔发生 | 以表格形式呈现全班学生的实验结果，围绕数据重点讨论"盒内有5个白球、5个黄球，为什么结果不同" |

图 14-4　四年级"可能性"第三次教学设计框架

　　五年级"可能性"第一次教学设计框架见图14-5。

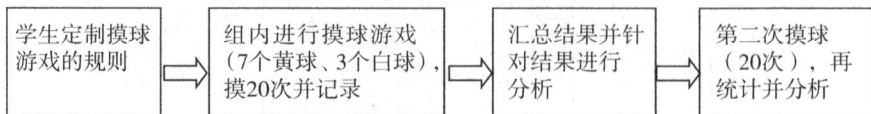

| 学生定制摸球游戏的规则 | 组内进行摸球游戏（7个黄球、3个白球），摸20次并记录 | 汇总结果并针对结果进行分析 | 第二次摸球（20次），再统计并分析 |

图 14-5　五年级"可能性"第一次教学设计框架

　　课后对学生进行了后测，题目如下：

　　黄球30个、白球20个都装在一个盒子里。笑笑摸了若干次，摸到黄球3次。你认为她会摸到多少次白球？

表 14-10　学生后测结果统计表

白球次数	0	1	2	5	10	20	27	47	1或2
人数（共24人）	1	1	13	1	1	3	1	2	1

　　从测验结果来看，更多的学生还是存在确定的观念（尤其是认为白球摸到2次的有13人之多），依然不具备随机观念（表14-10）。

原因：对于盒子中的 7 个黄球和 3 个白球，学生不用摸也能知道摸出黄球的可能性大，而且每组摸的结果都是黄球多白球少，甚至还有的学生会认为摸 10 次球会有 7 次黄球、3 次白球。随机主要有两层含义：一是对于同样的事情，每次收集到的数据可能会是不同的；二是只要有足够的数据，就可能从中发现规律。因此，我们认为在小组活动中，每个组的数据都不会对学生的认识产生更大的冲突，原因与黄球 7 个和白球 3 个的数量有关。

改进：

第一，将盒子内黄球的数量调整为 6 个，白球的数量调整为 4 个，使学生看到每组的摸球结果不仅各不相同，而且会有摸出的白球多黄球少的变化；

第二，让学生能够深刻感受到某一事件发生的可能性的大小是对大量的重复实验而言的，少量的实验是没有规律的。

由于黄球与白球的数量接近，从统计图也能看出，实验结果的不确定性增加了。通过真实数据的冲突，学生在 3 次不确定的过程中，深刻感受到了随机性的内涵。当最后 40 次摸球依然还不能确定时，教师引导学生寻求解决问题的办法。虽然还是不能确定结果，但是随着摸球次数的增加，认同黄球多的学生开始逐步增加。当学生意识到还需要更多次实验时却发现上课的时间已经不够了，这样教师用 PPT 呈现全校摸球数据才能水到渠成。当学生看到数据转换成的统计图后，将对数据的随机性有更深的认识。

五年级"可能性"第二次教学设计框架见图 14-6。

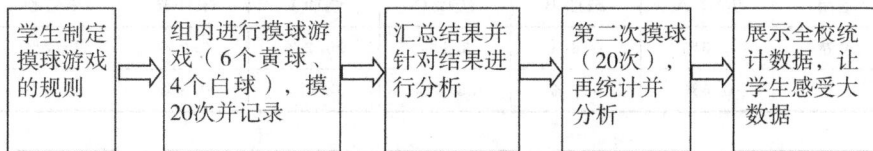

| 学生制定摸球游戏的规则 | → | 组内进行摸球游戏（6个黄球、4个白球），摸20次并记录 | → | 汇总结果并针对结果进行分析 | → | 第二次摸球（20次），再统计并分析 | → | 展示全校统计数据，让学生感受大数据 |

图 14-6 五年级"可能性"第二次教学设计框架

4. **教学改进的成果**

（1）教师能对教学内容进行整体把握，教学设计能关注学生学习过程中的困难

教师慢慢能够明确当前看似孤立的知识在整体认知结构中的位置，并尝试在小节间、单元间、模块间建立联系，系统把握各组成成分的知识价

值、思维价值、情感价值和应用价值，以此为基础，将其进一步凝结为教育价值，从而帮助学生形成清晰、完整的认知结构。

教师在每个学期能挑选出 2—3 节核心课，在对教学内容进行整体把握后开展学情调研，了解学生在学习新内容的时候会遇到什么样的困难，调研的方式有问卷、访谈、课堂观察和作品分析等。

（2）对测验题目的改进

测验必须反映有价值的学科教学内容的本质。测验与教学是整合的一体，好的测验题目不仅可以检验到学生对学科内容本质的理解程度，而且能折射出本学科的教师对该内容的理解、定位情况。

下面是 2013 年 BAEQ 项目小学数学关于可能性的题目。

题目示例

A 卷题目：口袋里有大小、材质完全相同的 3 个红球、3 个黄球、3 个绿球。小明每次任意摸出一个球，然后放回再摸。前两次摸球的情况为绿、绿，小明第三次摸球时，下列说法正确的是（   ）。

A. 摸到红球的可能性大   B. 摸到黄球的可能性大

C. 摸到绿球的可能性大   D. 摸到三种颜色球的可能性一样大

B 卷题目：盒子里有大小、材质完全相同的 3 个红球、4 个黄球、5 个绿球，小明每次任意摸出一个球，然后放回再摸。前两次摸球的情况为绿、绿，小明第三次摸球时，下列说法正确的是（   ）。

A. 摸到红球的可能性大   B. 摸到黄球的可能性大

C. 摸到绿球的可能性大   D. 摸到三种颜色球的可能性一样大

表 14-11   两题测试结果统计表

题目	选项 A	选项 B	选项 C	选项 D	未作答	得分率
A 卷	0.6%	0.8%	3.1%	95.2%	0.2%	95.2%
B 卷	0.4%	6.7%	86.3%	6.4%	0.3%	86.3%

测验结果见表14-11，不难看出，A 卷题目的得分率明显高于 B 卷题目的得分率。

从题干中可以看出，三种颜色的球的数量相同时，不影响学生对于可能性的判断；三种颜色的球的数量不相同时，明显影响着学生对于可能性的判断。进一步考虑，可以对 B 卷题目做如下改变。

B 卷题目变形 1：盒子里有大小、材质完全相同的 3 个红球、4 个黄球、5 个绿球，小明每次任意摸出一个球，然后放回再摸。前两次摸球的情况为红、红，小明第三次摸球时，下列说法正确的是（　　　）。

　　A. 摸到红球的可能性大　　　　B. 摸到黄球的可能性大

　　C. 摸到绿球的可能性大　　　　D. 摸到三种颜色球的可能性一样大

B卷题目变形2：盒子里有大小、材质完全相同的3个红球、4个黄球、5个绿球，小明每次任意摸出一个球，然后放回再摸。前两次摸球的情况为黄、黄，小明第三次摸球时，下列说法正确的是（　　　）。

　　A. 摸到红球的可能性大　　　　B. 摸到黄球的可能性大

　　C. 摸到绿球的可能性大　　　　D. 摸到三种颜色球的可能性一样大

　　B卷题目变形3：盒子里有大小、材质完全相同的3个红球、4个黄球、5个绿球，小明每次任意摸出一个球，然后放回再摸。前两次摸球的情况为红、黄，小明第三次摸球时，下列说法正确的是（　　　）。

　　A. 摸到红球的可能性大　　　　B. 摸到黄球的可能性大

　　C. 摸到绿球的可能性大　　　　D. 摸到三种颜色球的可能性一样大

B卷题目变形4：盒子里有大小、材质完全相同的3个红球、4个黄球、5个绿球，小明每次任意摸出一个球，然后放回再摸。前两次摸球的情况为黄、绿，小明第三次摸球时，下列说法正确的是（　　　）。

　　A. 摸到红球的可能性大　　　　B. 摸到黄球的可能性大

　　C. 摸到绿球的可能性大　　　　D. 摸到三种颜色球的可能性一样大

B卷题目变形5：盒子里有大小、材质完全相同的3个红球、4个黄球、5个绿球，小明每次任意摸出一个球，然后放回再摸。前两次摸球的情况为红、绿，小明第三次摸球时，下列说法正确的是（　　　）。

　　A. 摸到红球的可能性大　　　　B. 摸到黄球的可能性大

　　C. 摸到绿球的可能性大　　　　D. 摸到三种颜色球的可能性一样大

表14-12　五年级四个班130名学生测试结果统计表

题目	选项A	选项B	选项C	选项D	正确率
B卷	0(0%)	6人(4.6%)	106人(81.5%)	18人(13.8%)	81.5%
B卷变形1	4人(3.1%)	2人(6.2%)	101人(77.7%)	23人(17.7%)	77.7%
B卷变形2	0(0%)	5人(3.8%)	109人(83.8%)	16人(12.3%)	83.8%
B卷变形3	0(0%)	2人(1.5%)	117人(90.0%)	11人(8.5%)	90.0%
B卷变形4	3人(2.3%)	0(0%)	115人(88.5%)	12人(9.2%)	88.5%
B卷变形5	0(0%)	1人(0.8%)	116人(89.2%)	13人(10.0%)	89.2%

　　测试结果见表 14-12，经过对题目的改编，我们能够看到一些数据的变化，尤其是题干改为"前两次摸球的情况为红、红"时，正确率下降了近 4个百分点，而 A、D 两个选项的比例都有不同程度的提升，这与"前两次摸球的情况为红、红"会有一定的关系。

二、教学改进需要注意的问题

（一）支持维度

　　在教学改进过程中，教育专业的理论支持、与实践相结合的具体指导、对教学改进计划实施过程的微调、丰富的学习资料、对教师教学改革的政策支持、对教学改进中相关设备与技术的支持、对教师改革成果的奖励机制等都会发挥很好的作用。

（二）措施保障

　　评估队伍要兼具评估与指导的双重职责，具有较强的理论基础与实践经验。

　　制定权责分明的阶梯负责制度，指定专人负责执行监督和结果监督的工作；在执行过程中设定多个反馈点和讨论点，经常性地审查计划，有问题及时修改；完善基础设施，较好地满足教学需求；定期聘请相关专家到校指导开展阶段教学改进实施总结会，查漏补缺，进行计划微调；定期更新学习资料；制定学期教学改进成果奖励制度。

（三）交流阶段教学改进情况

　　在制订教学改进计划时要明确相应的阶段节点，结合教学改进计划的节点进行小结，查漏补缺，及时调整，确保教学改进计划的所有要素都能按计划推进。

　　交流形式：定期和学科组、年级组执行负责人交流，定期召开阶段总结会、学期总结会、学年总结会，不同学科的教师可以相互观摩、学习，促进教学改进。

（四）依据成果指标进行成果分享

　　向学校定期宣传教学改进阶段总结，以便相关人员了解教学改进计划的实施进展；在教学改进过程中促进教师发展，将教师发展成果进行推广，如展示教学案例、科研成果等；制作阶段改进简报，宣传教学改进进展；汇集教师的教学改进收获及学生的成长进步，积累成册，印制推广；召开阶段交流会，推广成果并确定下一阶段的研究要点。

参考文献

［1］［美］伯尼·特里林，［美］查尔斯·菲德尔.21世纪技能——为我们所生存的时代而学习［M］.洪友，译.天津：天津社会科学院出版社，2011.

［2］范立双，刘学智.美国"成功分析模式"的诠释与启示——学业评价与课程标准一致性的视角［J］.比较教育研究，2010(8)：77-80.

［3］顾明远.教育大辞典（简编本）［M］.上海：上海教育出版社，1999.

［4］刘学智，马云鹏.美国"SEC"一致性分析范式的诠释与启示——基础教育中评价与课程标准一致性的视角［J］.比较教育研究，2007(28)：64-68.

［5］李俊.中小学概率的教与学［M］.上海：华东师范大学出版社，2003.

［6］李英杰.小学生阅读能力水平评价的研究［D］.北京：首都师范大学，2006.

［7］李留建，刘欣，杨立剑，等.基于布卢姆教育目标分类理论的阅读表达策略的实践研究［J］.考试研究，2017(1)：3-14.

［8］罗贵明.美国中小学课程评价：理论、实践与借鉴［M］.武汉：武汉大学出版社，2016.

［9］洛林·W.安德森.布卢姆教育目标分类学修订版（完整版）［M］.蒋小平，等，译.北京：外语教学与研究出版社，2009.

［10］陆璟.PISA测评的理论和实践［M］.上海：华东师范大学出版社，2013.

［11］田一，胡玲，李英杰.区域基础教育学业评价与课程标准一致性的本土化研究——以北京市为例［J］.教育测量与评价，2016(10)：27-32，39.

［12］田一，张咏梅，彭香.学业质量监测与课程标准一致性研究［J］.上海教育科研，2016(9)：40-45.

［13］王斌华.学生评价：夯实双基与培养能力［M］.上海：上海教育出版社，2010.

［14］王焕霞，高中物理学业水平考试与课程标准的一致性研究［J］.课程·教材·教法，2015(8)：60-66.

［15］［澳］约翰·B.彼格斯，［澳］凯文·F.科利斯.学习质量评价：SOLO分类理论（可观察的学习成果结构）［M］.高凌飚，张洪岩，译.北京：人民教育出版社，2010.

［16］岳喜腾，张雨强.基于课程标准的学业成就评价：韦伯模式之研究［J］.全球教育展望，2011(10)：79-85.

［17］张咏梅.大规模学业成就调查的开发：理论、方法与应用［M］.北京：北京师范大学出版社，2015.

［18］Achieve Inc. An alignment analysis of Washington State's college readiness mathematics standards with various local placement tests［R］. Washington, DC:Achieve Inc, 2006.

［19］American Educational Research Association（AERA），American Psychological Association（APA），National Council on Measurement in Education（NCME）. Standards for educational and psychological testing［M］. Washington, DC: American Educational Research Association, 2014.

［20］Blank R K, Porter A, Smithson J. New Tools for Analyzing Teaching, Curriculum and Standards in Mathematics and Science［R］. Washington, DC:Council of Chief State School Officers, 2001.

［21］Economides A A. Conative feedback in computer-based assessment［J］. Computers in the Schools, 2009, 26(3)：207-223.

［22］Frary R B. The none-of-the-above option: An empirical study［J］. Applied Measurement in Education, 1991, 4(2)：115-124.

［23］Haigh M. An investigation into the impact of item format on computer-based assessments［C］. Southampton, USA: In International Computer Assisted Assessment conference, 2011.

［24］Haladyna T M. Developing and validating multiple-choice test items［M］. Routledge, 2012.

［25］Haladyna T M, Rodriguez M C. Developing and validating test items［M］. Routledge, 2013.

［26］Haladyna T M, Downing S M, Rodriguez M C. A review of multiple-choice item-writing guidelines for classroom assessment [J]. Applied Measurement in Education, 2002, 15(3): 309-334.

[27] Herman J L, WEBB N M, ZUNIGA S A. Measurement issues in the alignment of standards and assessments [J]. Applied Measurement in Education, 2007, 20(1): 101-126.

[28] Lane S, Raymond M R, Haladyna T M. Handbook of test development [M]. Routledge, 2015.

[29] Tamir P. Positive and Negative Multiple Choice Items: How Different Are They? [J]. Studies in Educational Evaluation, 1993, 19(3): 311-325.

[30] Wise S L, Kong X. Response time effort: A new measure of examinee motivation in computer-based tests [J]. Applied Measurement in Education, 2005, 18(2): 163-183.

[31] Wollack J A, Fremer J J. Handbook of test security [M]. Routledge, 2013.

[32] Ying L, Sireci S G. Validity issues in test speededness [J]. Educational Measurement: Issues and Practice, 2007, 26(4): 29-37.